基礎法学翻訳叢書

生ける憲法

デイヴィッド・ストラウス 著

大林啓吾 訳

David A. Strauss

The Living Constitution

keiso shobo

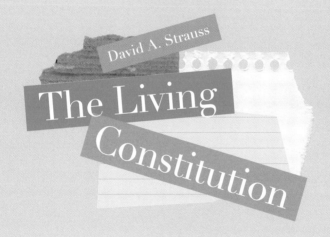

訳者まえがき

本書は、シカゴ大学ロースクール教授のデイヴィッド・ストラウスが著した『生ける憲法』（The Living Constitution）の翻訳である。原書が刊行されたのは二〇一〇年であるが、ちょうどその頃、アメリカでは憲法観をめぐる議論が興隆を迎えていた。アメリカはイギリスやフランス、さらには日本と比べて歴史が浅い分、世界初の近代憲法を自負しており、かなりのフィデリティを抱いている。そして銃、中絶、同性婚などのような重要な問題は憲法解釈に左右されることが少なくないため、憲法解釈方法ひいてはその先にある憲法観をめぐる議論のゆくえが耳目を集めてきた。論争が進むにつれて「生ける憲法」対「原意主義」という対立構造が形成される中、同書（原書）は生ける憲法の議論を書籍として上梓したものである。

ストラウスは憲法を有機的に捉えて、時代を経るにつれて発展すると考える。これに対し、その対立相手である原意主義は憲法の意味が制定された時点に固定化されたものと捉える。換言すれば、ストラウスが提唱する生ける憲法はその名の通り憲法を生きた存在とみなすのに対し、原意主義は憲法制定者の意思が示された憲法典に拘束されるものとする。ある意味、憲法の生死をめぐる争いが展開していたわけである。この論争自体は二〇世紀から続くものであるが、原書が刊行される二年前、議論の膠着状況を揺るがす事態が起きた。二〇〇八年、連邦最高裁はヘラー判決において原意主義を正面から実践する判決を下したからである。それまで個別意見レベルでは原意主義の姿を見ることができたが、それがとうとう法廷意見レベルで登場するに至ったのである。

そうなると、当然ながら生ける憲法側は黙っているわけにはいかない。アメリカ憲法学において、生ける憲法の概念自体は従来からしばしば言及されてきたものの、ストラウスの本が刊行されるまで、生ける憲法を正面から論じた書籍はマクベインの本などわずかしかなく、本格的な議論という意味では、この本は生ける憲法の嚆矢ともいえる存在である。

二〇二四年現在、生ける憲法と原意主義の論争はなお継続中であり、それどころかむしろヒートアップしている。幾度の論争を経て、議論の内容は高度化・精緻化しているものの、それと同時に両者が融合する傾向にあり、むしろそれとオリジナルな生ける憲法論や原意主義論との間に距離が生じているようにも思える。ゆえに、この論争を理解するためには、まずオリジナルの議論を押さえなければ始まらない。生ける憲法については、その基本書ともいえる本書を読むことが必須である。同時に、その好敵手である原意主義についても、その基本書たるアントニン・スカリア著『法解釈の問題』（勁草書房、二〇二三年）が高畑英一郎教授（日本大学）の手によって翻訳されたばかりである。

土台は整った。あとは頁を捲るだけである。そこには、アメリカ憲法学で最も熱い論争が待っている。

＊＊＊＊＊

原書は一五〇頁と手軽な分量に抑えてあり、内容も平易に記してある。一般に、翻訳書は、できるだけ原書に忠実に訳すことが望まれるが、本書の場合、英文や英文法にこだわると、せっかくわかりやすい原書の文章がかえってわかりにくくなってしまうおそれがあった。そのため、本書は原書の趣を壊さないように、できるだけわかりやすい文章を心がけ、適宜、意訳を試みた。形式面についても、〝〟をそのままの形で表すこともあれば、それを「 」に直した箇所もある。また、文意を掴みにくい箇所には、わずかではあるが、新しく「 」を付けたところがある。さらに、訳語についても、「いう」と「言う」、「アメリカ合衆国憲法」と「合衆国憲法」のように、同じ言葉を用いる場合であっても、文脈に応じて使い分けてある。なお、アメリカ憲法を知らない人も読めるように、訳注を付けてある。

謝辞

本書は、私が同僚、友人、学生たちと何年にもわたって議論をしてきた問題を扱うものであり、その一部は既出の拙稿が基になっている。何よりもまず、オックスフォード出版の「神聖不可侵な人権シリーズ」に本書を加えてくれたジェフリー・ストーンに感謝したい。そして原稿をチェックし、有益なアドバイスをくれたシンシア・ジュリソンにも御礼を述べたい。本書の各章のいくつかは、以下の論文に実質的な加除修正を加えたものである。"Common Law Constitutional Interpretation," 63 *University of Chicago Law Review* 877（1996）; "The Irrelevance of Constitutional Amendments," 114 *Harvard Law Review* 1457（2001）; "Freedom of Speech and the Common-Law Constitution," in Lee C. Bollinger & Geoffrey R. Stone, eds., *Eternally Vigilant: Free Speech in the Modern Era*（University of Chicago Press, 2002）; "Common Law, Common Ground, and Jefferson's Principle," 112 *Yale Law Journal* 1717（2003）; and "The Common Law Genius of the Warren Court," 49 *William and Mary Law Review* 845（2007）.

序文に寄せて

我々は以下の事柄が明白な真実であると考える。すべての人間は平等に創られ、その創造主によって不可侵の権利を与えられていること……

——独立宣言

本書はオックスフォード出版の「神聖不可侵な人権シリーズ」の九冊目にあたる書籍であり、デイヴィッド・ストラウスが憲法解釈のプロセスと憲法典自体の意味について考察したものである。ここ数十年の間、弁護士、学者、裁判官らは憲法解釈のあり方をめぐる知的営為や正当性について議論を重ねてきた。「原意」、「司法の抑制」、「厳格解釈」、「司法積極主義」、そして「生ける憲法」といった言葉が、法学雑誌、連邦最高裁の意見、新聞の社説、大統領候補者の討論会で頻繁に使われてきた。そこでは、裁判官や憲法典に期待することを様々な形で具現化または具現化しようという試みが行われている。

本書の中でストラウスは、「原意」という狭い概念に基づいて憲法典を超然としたものとみなす見解は首尾一貫性に欠け正当化できないと主張している。憲法の概念を適切に把握するためには、憲法の実体、すなわち、技術、人口、経済、政治における変化に合わせて憲法もまた通時的に変化しなければならないことを理解しなければならない。とはいえ、もし我々の憲法はその意味が通時的に適切に変化するという〝生ける〟憲法であるとしたら、どのようにして憲法の正当性を担保すればいいのだろうか。我々は法の支配にコミットしている以上、裁判官に憲法典を恣意的に解釈する無制約な権限を与えてはならない。それでは、どのようにすれば、司法の恣意的解釈を防ぎながら、変化に対応できる解釈を実践することができるだろうか。

ストラウスによれば、裁判官は、しょせん作り話にすぎない〝原意主義〟に強く縛られるのではなく、何世紀にもわたって英米法の一部を創り上げてきた方法――伝統と先例の価値にこだわること――すなわち憲法〝コモンロー〟の枠組を進化させることによってこの問題をうまく解決してきたという。この憲法的コモンローという独自の手法によって、連邦最高裁は安定と変化のバランスを適切に保つことができるというのである。

そしてストラウスは〝原意主義〟の欠点を明らかにした上で、憲法的コモンローを概説し、アメリカ憲法における二つの基本原理が発展するプロセスを描写することによって生ける憲法の概念を例証している。すなわち、表現の自由の法理の展開と人種差別に関する法の展開である。続けて、ストラウスは特に難しい問題に取り組んでいる。ロー対ウェイド判決である。彼によれば、〝原意主義的〟アプローチではこの判決を擁護することはできないが、生ける憲法の枠組の中ではこれを擁護することができると述べている。

この本の中で、ストラウスは現代の憲法問題のうち最も難しくかつ重要なものを取り上げている。

〝連邦議会は表現の自由を制限する法律を制定してはならない〟、〝何人からも法の適正な手続によらずに生命、自由または財産を奪ってはならない〟、州は何人に対しても〝法の平等保護〟を否定してはならない、といったような憲法上の要請の具現化をはかるとき、我々は原理化されたアプローチによって解釈する必要がある。ストラウスは、過去何世紀にもわたって憲法を形成してきたアプローチについて、独創的で、洞察に富んだ、説得力のある説明を提示している。

ジェフリー・R・ストーン

生ける憲法

目　次

目　次

序章　我々は生ける憲法を求めているか

我々の憲法は生ける憲法といえるだろうか。あるいは、我々は生ける憲法となるように望んでいるだろうか。「生ける憲法」とは、正式な憲法修正を経ずに自ら進化していくものであり、それは時を超えて変化したり、新しい状況に適応したりするものである。そうだとすれば、先の問いに対してはイエスと答えることになろう。なぜなら、現実的に考えれば、生ける憲法以外の選択肢はないといえるからである。公文書館に保管されている合衆国憲法典は二二〇年以上も前に制定されたものである。我々はその憲法を修正することはできるが、修正手続のハードルは高い[1]。今から約一五〇年前、南北戦争後にきわめて重要な修正がなされたが[2]、それ以降は大きな修正は行われていない。

一方、世界はとめどなく変化している。アメリカの領土は拡大し、人口も大幅に増えた。憲法制定時には誰も予見できなかったことであるが、テクノロジー、国際状況、経済、そして社会は大きく変化している。かかる状況に対し、憲法を修正して対応しようとするのは現実的でない。

つまるところ、憲法もまた変化せざるをえないのである。憲法が変わらなければ、その内容が社会に合わなくなってしまう。そうなると憲法は無視されてしまうおそれがある。それどころか、憲法が我々の進歩や社会の発展を妨げることもありうるので、我々にとって障害のような存在になってしまうおそれすらある。

とはいえ、我々は絶え間なく変化し続ける生ける憲法を持っているかと問われたら、自信をもってイエスと答えられないかもしれない。生ける憲法の概念を批判する人たちは、憲法を制定した人たちが「生ける憲法」という言葉を使うときはそうした考えをあざ笑うような文脈で言及するだけであってそれ以外にはほとんど使われたことがない、と言い張る。かれらによれば、合衆国憲法典は我々の基本原理を具体化した基盤と考えるべきであり、それこそが憲法を持つことの意味であるとする。時々の世論が憲法的価値を無視しようとしても、憲法の基本原理は超然としていなければならない。さもなければ、憲法を持っている意味がなくなってしまうと考えるわけである。

生ける憲法にはさらなる課題もある。というのも、生ける憲法は憲法を操作している節があるからである。もし憲法が変化しているとしたら――もし憲法が時代に応じて変わっているのなら――それは誰かが憲法を変えているはずである。その誰かは憲法がどうあるべきかについて自らの考えを反映させながら憲法を変えている。その誰かとは裁判官たちである。つまり、生ける憲法とは憲法典そのものではない。それは法を超えた何かである。それは特定の時代に司法権を行使した裁判官たちの思考の集積であり、裁判官たちはそれを我々に提示してきたのである。

こうしてみると、我々は、時代に適合し、変化に対応できる生ける憲法を望むと同時に、揺るぎなく安定し、人の手によって操られないような憲法をも望んでいるように思える。とはいえ、いったいどうやってこれを両立させればいいのだろうか。

実は、我々は無意識的にこの問題に対応してきた。あまり認識されていないかもしれないが、我々の立憲制度は憲法典が制定されるよりもはるか以前から存在する法源を利用してきた。すなわち古《いにしえ》より続くコモンロー[3]のことである。コモンローは、憲法典のように、権威ある聖典のような形を成していない。コモンローは昔から積み重ねられてきた先例や伝統から成る。これらの先例は過去に依拠しつつ一定の範囲内で時代に応じて適応したり変化したりする。我々の立憲主義は先例や慣行を憲法典と同じくらい重視するコモンローの形を成している。コモンロー憲法は「生ける」憲法であるが、うつろいやすい世論になびくのではなく基本原理を守りぬくものでもある。また、それは裁判官（または他の誰か）が自らの見解を憲法に反映させようとするようなものでもない。

これに対し、生ける憲法の実践方法を見出すことの意義を理解しようとせずに憲法典にこだわり続ける誤った考えがある。特にしぶといのが、いわゆる「原意主義」である。原意主義は、我々が生ける憲法を持つことに反対する理論である。それによれば、憲法を制定した人たち――一七九〇年代または一八六〇年代[4]――が理解していた意味こそが憲法条文の意味であると考える。（原意主義には様々なバリエーションがあるが、大雑把にいえば上記のような内容である）原意主義の中でも過激な立場をとる者は、生ける憲法が問題提起する諸問題を否定する。すなわち、憲法はそれが制定された時に要求した内容を現在においても要求しているのであり、憲法は時代に合わせて変化する必要はなく、どうしても必要であれば憲法を修正すればよいとするのである。

原意主義は、ある意味、当たり前のことを主張しているともいえる。ある文書が何を言っているのかを明らかにしようとするとき、まずはその著者が理解していた意味を基に考えるのが適切といえるだろう。レトリック風にいえば、ある意味、「我々はみんな原意主義者」[5]なのである。我々が何かしらの政府行為を違憲と考える場合――たとえばアメリカ市民全員を盗聴するなど――それは「憲法を制定した人たち」であればそれを許さなかっただろうと考えるのと等しい。それは明らかに原意主義が憲法問題を考える際の適切なアプローチであることを示しているのである。しかし、やっかいな憲法問題に直面した場合――憲法は少数派や女性に対する差別を禁止しているか、もっと最近の事例でいえば、地方自治体には銃を禁止する権限があるかといった問題――原意主義は不適切なアプローチとなる。いや、不適切どころか、むしろひどいアプローチかもしれない。なぜなら、それは判断の本質的な部分を隠してしまうからである。

そこで本書では、まず第1章で原意主義について取り上げる。原意主義は、憲法典の意味は制定時に確定しその後変わることはないと主張するのであるが、それを受け入れることができない理由を示したい。ただし、生ける憲法の方が妥当であると主張しても、それによってただちに原意主義に欠陥があることにはならない。そのため、残りの章では、生ける憲法が、コモンローに由来し、先例に基づき、伝統的に採用されてきたアプローチであり、これまでの憲法実践の中核を担ってきたことを示すことで、それを擁護しようと思う。それは生ける憲法の批判者らが提起してきた問題に対する反論となるものである。そして、憲法がどのように進化し、かつ確固たる原理を提示してきたのかを示し、決して裁判官のおもちゃとして扱われてきたわけではないことを明らかにする。

第2章ではコモンローのアプローチを扱うことにする。すなわち、それがどのように機能し、またどのように正当化されるかを考える。続く第3章と第4章では、立憲主義の中でも最も重要な表現の自由と平等が、憲法典の条文でも憲法制定時に理解されていた条文の意味でもなく、コモンロー的アプローチによって発展してきたことを明らかにする。換言すれば、それらの保障は生ける憲法が形成してきたものだったのである。第3章は表現の自由を取り上げる。我々はよく表現の自由の保障のことを条文にちなんで「修正一条」と呼ぶが、実際には憲法条文とあまり関係なく発展してきたことを示す。第4章は人種分離政策がどのようにして違憲となるに至ったのかを明らかにする。そこでは、もちろんブラウン判決[6]——ここ数世紀の間で最も有名であり、かつ多くの人々にとって連邦最高裁あるいは憲法が最も輝いていたように映る——が登場する。ただし、ブラウン判決の内容は、憲法典の条文を中心としたものではなく、ましてや憲法制定時の条文解釈を軸にしたものでもない。それは、生ける憲法というコモンローの発展的プロセスに基づくものだったのである。

第5章は再び憲法典に光を当てる。すなわち、公文書館に保管されている憲法典のことである。生ける憲法は法体系の中核を占めるが、それで法が完結するわけではない。文書として存在する憲法典はきわめて重要な機能を担っている。そこで問題となるのが、この二つをどのように調和させるかである。つまり、我々はどのようにして静的な憲法典と動的な生ける憲法を同時に成り立たせるのかということである。この問題について、私は憲法典が根本的な役割を担い、生ける憲法がそれを補う役割を担うと考えている。第6章では、憲法は変わりゆくものであるという発想が生ける憲法の根底にあることを踏まえて、どのようにして生ける憲法と憲法典自体が規定する正式な憲法修正手続の関係を捉えればいいのかを検討する。意外に思うかもしれないが、実は憲法修正手続はほとんど無意味である。生ける憲法こそが、合衆国憲法が時代遅れの使えないものにならないようにする役割を担っているのである。

第1章　原意主義とその罪

1　条文を読むだけではダメな理由

もしかすると、憲法解釈という作業自体はそれほど難しいことではない、と思う人がいるかもしれない。しかし、憲法の条文は短く――現在ではほとんど使うことのない部分を除くと、それは見た目よりもっと短くなるが――そのほとんどが簡潔な英語で書かれている。そのため、条文を読むだけでは解決しないことが多い。

もちろん、条文を読むだけで解決する場合もある。合衆国憲法の多くの規定は解釈について異論の余地がないほど明確な内容となっている。たとえば、大統領は三五歳以上でなければならない、上院議員は各州から二名選出される、連邦議会議員は選挙の翌年の一月三日に就任する、大統領は一月二〇日に就任する、上院議員は六年ごと、下院議員は二年ごと、大統領は四年ごとに選出される、といった規定がある。[1]

これらの規定はいずれも解釈で揉めることはない。我々はただ条文が規定している通りに理解すればいいからである。もっとも、法学者であれば、条文に隠された曖昧性や不明瞭性を見つけ出して仮説を提示するかもしれない。なぜなら、かれらはそうした作業に没頭することが好きだからである。しかし、それはあくまで仮説にすぎない。条文がまさに語っている内容こそが現実の世界に妥当することなのである。

憲法の他の規定は、簡潔な英語で記述してあるものの、その内容は一義的とは限らない。修正一条は「連邦議会は言論の自由を制限する……法律を制定してはならない」と定めている。条文を見る限り、特段、不明瞭でも専門的な解釈技術が必要というわけでもないように思える。実際、有名なアメリカ法の大家も、大統領の年齢要件が三五歳であるとする規定と同様、修正一条の意味も条文通りに理解すればよいと述べてきた。その一人がヒューゴ・ブラック裁判官である。[2] 一九五〇年から一九六〇年にかけて、彼は優れた知見を発揮して連邦最高裁が市民の権利や自由を大幅に拡大するのに貢献してきた。ブラック裁判官は、修正一条の意味を問われたとき、ポケットから愛用の使い古した憲法典のコピーを取り出して、こう答えた。修正一条は言論の自由を制限する「法律を制定してはならない」と定めているのだから、そのような「法律は一切許されない」ということである、と。むしろ、それ以外にどのような意味がありうるのか、と彼は言ったわけである。

ブラック裁判官のやや誇張じみた発言は人を惹きつけるところがあり、今日に至っても一部の人に支持されている。しかし、実際に修正一条の問題を取り上げるとき――他の憲法条文について訴訟を提起する場合もそうであるが――、条文の文言だけ読んでもまったく解決しない。「なるほど、法律を制定してはならないと書いてあるので、言論の自由を制限する法律は一切許されないというルールにそって考えよう」というアプローチをとったところで、事件は解決しない。「言論の自由」とは何を意味するのかを考えなければ現実の問題を解決することはできないのである。たとえば、嫌がらせ電話をかける自由、心臓が悪い患者の耳元で叫ぶ自由、軍事機密を敵に漏らす自由が言論の自由によって保障されるとはいえない。言論の自由の中に、子供の興味をそそるようなやり方でインターネット上にポルノをアップロードする自由が含まれるといえるだろうか。選挙に立候補する人についてウソの噂を流してもいいだろうか。あるいは、たとえその情報が真実であったとしても、一般市民のプライバシーをひどく侵害するような情報を公開してもいいだろうか。いくら条文の文言に目を凝らしてみても、こうした問題に対する答えは出てこない。

また、修正一条がいうところの「制限」とは何を意味するのだろうか。ある表現者に公的助成を与えなかった場合もそこでいう制限に当たるのだろうか。もし国立人文学基金[3]が、私の書いた演劇の脚本について、クオリティが低いという理由で採用しなかった場合、それは私の表現の自由を侵害するといえるだろうか。もちろん、侵害するといえないだろう。では、もしその演劇の内容が大統領を批判しているという理由で補助金を与えなかったとしたらどうだろうか。それは表現の自由を侵害している可能性があるだろう。ところが、「制限」という単語を辞書で引いても、こうした判断ができるわけではない。辞書を引いたところで、表現の自由を侵害する公的助成と侵害しない公的助成の違いはわからない。さらにいえば、修正一条の最初の言葉である「連邦議会」は、文字通り連邦議会だけを指すのだろうか。そうすると、裁判所や大統領、シカゴ市のような地方自治体は対象にならないので、それらの機関は表現の自由を好きなだけ制限できることになってしまう。当然、そのように考えるのは正しくない。このような理解は間違っている、とするのが確立した法理である。しかし、この法理は条文の文言だけを読んで導かれるわけではない。

憲法の他の規定も同じような問題をはらんでいる。もし州がゲイの男性やレズの女性が保育園の先生になることを禁止したら、それは「法の下の平等」に反し、修正一四条を侵害することにならないだろうか。もし警察が軽微な交通違反を理由に車の中を捜索したら、それは修正四条が禁止する「不合理な捜索」に当たらないだろうか。これらの問題は憲法の条文を読むだけで簡単に解決できるものではなく、裁判闘争や社会論争といった長い道のりを経なければ解決しないことが多い。

以上で取り上げた憲法の規定はいずれもその意味するところが明らかではないものばかりであるが、憲法が明確に示すことが重要な場合があることにも留意すべきである。たとえば大統領が退任して新しい大統領が就任する日については正確に決めておく必要がある。もし、憲法が大統領の交代について「適宜に」という曖昧な規定にしていたり、現行規定のように大統領の任期は四年を超えてはならないというものではなく、「国益に適った期間」としていたりしたら、混乱に陥るだろう。ここでは、あらゆる憲法の規定には様々な解釈が必要であり、明確な規定はほとんどない、ということを言いたいわけではない。ここで言いたいのは、論争——裁判所の内外を問わず——が生じる憲法の規定は曖昧である、ということである。

2　原意主義

憲法の条文の意味が明らかでないとき、どうやってその意味を決めればいいだろうか。これに対する一つのアプローチが「原意主義」である。原意主義の考え方はわかりやすく、多くの人にとって馴染みやすいようにも思える。それは、憲法条文を制定した人たちの意図にそってその意味を決める、と考えるアプローチである。つまり、修正一条や平等保護条項などのような憲法規定を制定した人たちの意図を重視するということである。そのため、原意主義に立脚する場合、憲法条文を制定した人々が考えていた意味から離れてその条文の意味を考えることは詐欺に等しく、とうてい受け入れられないことになる。

もっとも、原意主義の中にも様々なアプローチがある。ある原意主義者は私がこれからしようとしている批判が不適切であり、原意主義をわざともろい議論のように扱っているという。かれらは原意主義と生ける憲法を混ぜ合わせて「原意」の定義をすることで議論の補強をはかるのだが、ここではこうした主張をいったん横に置き、後で取り上げることにしよう。なお、原意主義をもう少し精錬する余地もある。たとえば、決定的な原意となるのは、ある憲法規定を起草した者の意図なのか、それともある憲法規定を批准した者の意図なのか、あるいは、ある憲法規定が批准された際に一般に理解されていた意味——近時の原意主義の有力説がこれである——なのかを考えることである。とはいえ、原意主義のアプローチを変えたところで、原意主義自体が決定的な批判から逃れることができるわけではないので、ここではその区別がそれほど重要になるわけではない。

というわけで、生ける憲法の対局にある原意主義、すなわち厳格な原意主義を取り上げて原意主義のメリットとデメリットを考えることにする。まずは、憲法修正八条を題材にして考えてみよう。修正八条は、「残虐で異常な刑罰」を人に科してはならないとしている。ここでいう「残虐」という言葉（あるいは「残虐で異常」という文言）の意味は、大統領任期終了を指す一月二〇日という文言[4]ほど明確ではなく、それが具体的に何を指すのかは曖昧である。しかし、修正八条が制定された一七九一年当時、死刑がこの条文に反するとは考えられていなかった。当時、死刑は残虐なので修正八条に反するという考えは珍妙な見解であるように思われていたのである。

厳格な原意主義によれば、これまでずっと死刑は「残虐で異常」ではなかったと考える。なぜなら、このアプローチをとると、一七九一年の時点で死刑が修正八条を侵害すると理解されていなかったのであれば、死刑は現在および将来にわたって修正八条を侵害していない、ということになるからである。つまり、ある憲法の規定が何かを許可したり禁止したりしていたと制定当時に一般に理解されていたら、今日においてもそれと同じように理解しなければならないというのである。他の例を考えてみよう。修正二条は、「人民が武器を保有し携帯する権利を侵してはならない」と定めている。厳格な原意主義――二〇〇八年の連邦最高裁判決の法廷意見も同じアプローチを採用した[5]――によれば、一七九一年当時の状況に照らすと、この条文は一般市民には武器を持つ権利があることを意味すると理解されていたので、修正二条は今日においても一般市民に武器を持つ権利を保障している、ということになる。

3　原意主義者のアメリカ

原意主義は多くの誤りを抱えている。もし我々が全員原意主義者になったとしたら、原意主義をあきらめざるをえなくなるほどの問題が生じることになる。というのも、アメリカの法には厳格な原意主義と衝突する様々な原理が埋め込まれているからである。そのリストを作ると膨大になってしまうので、以下では原意主義を実践するとどうなってしまうのかについて、いくつかサンプルを示すことにしよう。

①　公立学校の人種に基づく分離が合憲になってしまう可能性

有名なブラウン判決において、連邦最高裁は州の公立学校における人種分離政策が修正一四条の平等保護規定に反して違憲であると判断した。しかし、修正一四条が制定された時、それが公立学校における人種分離政策を禁止しているとは理解されていなかった。当時、北部の州でさえ、あからさまにアフリカ系アメリカ人を排除しようとしていなかったとはいえ、人種別学政策を採用していた。修正一四条を提案した連邦議会ですらも、ワシントンDCの公立学校において人種別学を採用していた。また、修正一四条が審議されていた間、上院の傍聴席は人種別に分けられていた。たしかに、一部の原意主義者らが主張するように、ブラウン判決を原意と整合するように捉えることもできるかもしれないが、その点については後述する。ともあれ、ブラウン判決を下した当人である連邦最高裁——連邦最高裁はこの判決には法的論理に問題があるという批判が浴びせられることがわかっていたので、原意を参照しようとするインセンティブがあったにもかかわらず——は、「我々は修正［一四条］が制定された一八六八年に時計を巻き戻すことはできない」と述べたことからわかるように、原意がこの判決の手助けにならないことを理解していた。

② 女性差別が横行してしまう可能性

一九七〇年以降、連邦最高裁は修正一四条の平等保護条項が州による女性差別を禁止していると判断してきた。性差別の問題になると、ブラウン判決を原意と接合しようとする原意主義者でさえ、もはや対応できなくなる。修正一四条は、たとえそれが制定時において人種別学制度を禁止していると理解されていなかったとしても、少なくとも人種差別に対応しようとする規定であると理解されていた。しかし、修正一四条が制定された一八六八年当時、誰も修正一四条が女性差別を禁止していると考えていなかった。当時の社会ではそれが当たり前であり、一部のフェミニストだけがそれに強く反発していたという状況だった。そもそも修正一四条二節——この規定はアフリカ系アメリカ人が投票するのを妨げる州に対して制裁を加えるものであり、これまでに適用されたことはない——は男性のみを有権者としており、女性差別を容認するような規定となっていた。フェミニストのアンソニーとスタントンは、修正一四条が女性差別の問題を無視しているどころか女性差別を認めているような規定となっていることに憤慨し、修正一四条を激しく非難した。

もちろん、一八六八年以降、差別問題に対する様々な動きがみられたが、性差別問題についてはあまり大きな憲法上の進展はみられなかった。修正一九条は女性の投票権を保障したが、それだけにとどまっていた。女性に他の権利を保障するための修正は行われなかったのである。かつて女性を差別から守るための憲法修正案が提出されたことがあったが、それは否決されてしまった。連邦議会がそれを提出したが、わずかな州しかそれに賛同せず、批准には至らなかったのである。

③ 連邦政府が好き勝手に人種的少数派を差別してしまう可能性

ブラウン判決を擁護する原意主義者であっても、連邦政府による人種的少数派への差別に対してはなす術がないだろう。連邦最高裁がブラウン判決において依拠した規定は修正一四条である。修正一四条は「いかなる州も、その管轄内にある何人に対しても法の平等な保護を拒んではならない」と定め、それは人種差別や性差別を違憲とする際の根拠として用いられてきた。しかし、「いかなる州も……拒んではならない」としているので、そこで対象となるのは州のみであり、連邦政府は含まれていない。というのも、修正一四条は南北戦争直後に制定されたものであり、当時は州が特権を理由に連邦政府に抵抗するのを封じ込める必要があったため、州に対する規定を設けたのである。そのため、修正一四条の起草者らがここでいう「州」には連邦政府も含まれると意図していたとはいえないだろう。

ところが、連邦最高裁は一九五四年のブラウン判決において、州だけでなくワシントンＤＣの人種別学制度についても判断を示し、連邦政府もワシントンＤＣにおいて人種別学を実施することができないとした。連邦最高裁は、何らためらうことなく、州は人種や性別に基づく差別をしてはならないという原理が連邦政府にも同じく適用されることを示したのである。この判断の根底には修正五条のデュープロセス条項が関わっている。修正五条は、連邦政府に対して、「デュープロセス」に基づかずに「生命、自由、財産」を奪ってはならないと定めており、修正一四条と同様の規定があるからである。ただし、このような共通部分があるからといって、修正一四条の差別禁止原理を、修正五条を通して連邦政府にも要求することは、原意主義者にとっては奇妙に映るはずである。そもそも修正五条が制定された一七九一年当時は、半数の州では奴隷制を前提とした経済システムが確立し、男女平等といった考えは極論であるとみなされていた。しかし、ブラウン判決は連邦政府に対する差別禁止を求める文脈でこの条項を用いている。「連邦政府は黒人や女性を差別してはならない」という原意が修正五条のデュープロセスに含まれていたと考えるのはおよそ不可能である。

④　権利章典が州に適用されなくなる可能性

一般に、権利章典[6]の諸規定は「政府」に対して適用されると考えられている。しかし、権利章典が制定された時、それは連邦政府のみに適用される規定だった。合衆国憲法は、信教の自由の侵害、二重の危険、不合理な捜索および押収、そして表現の自由の侵害といった権利章典が禁止することを州に対しては適用していなかったのである。

南北戦争が終わって修正一四条が制定されたとき、権利章典の規定を州に適用すると定めるかどうかが議論されていた。しかし、修正一四条の文言は権利章典が州に適用されると明示せず、歴史家の間では修正一四条が権利章典を「編入」したとみなすのはかなり無理があるという意見で一致していた。もっとも、連邦最高裁の判例法理によって、今日では権利章典のほとんどが州に適用されている。だが、このような判断は原意とかけ離れたものである。

⑤ 州が州議会の選挙区設定の際に一人一票の原則を無視できるようになる可能性

一九六四年以降、連邦最高裁によって、州議会の選挙区は一人一票の原則に従わなければならないとされてきた。連邦最高裁がそうした要求を行う前は、多くの州議会で著しい議員定数不均衡が起こっていた。議員定数が同じ選挙区でも、一〇〇倍あるいは一〇〇〇倍もの一票の価値の格差が生じることが当たり前のような状況であった。しかし、一人一票の原則は、州議会の各議員はおおよそ同じ数の有権者の代表であることを要求する。

もっとも、この原則を要求するような原意はどこにも見当たらない。[7] 連邦最高裁は修正一四条の平等保護条項を根拠にしてこの原則を導き出したが、この条文の原意を探っても、投票価値の平等の問題は出てこない。平等保護条項は差別から解放された奴隷を保護するために制定されたものであった。だからこそ、修正一五条——市民の選挙権は「合衆国又はいかなる州においても、人種、肌の色、又はかつて強制的苦役に服していたことを理由に、否定又は制約されてはならない」とする規定——が追加されたのである。

憲法起草者や修正一四条の原案を提出した人や批准した人は議会における議員定数不均衡の問題を

認識していた。それにもかかわらず、かれらは議員定数不均衡の憲法上の問題を正面から取り上げてこなかった。だが、今日、一人一票の原則——一九六四年に連邦最高裁が初めて示したときはおおいに物議をかもした——は自明のこととなっている。ほんのわずかな原意主義者——誰とは特定できないが——だけが原意からその原則を導き出そうと試みている。

⑥　多くの労働、環境、消費者保護の連邦法が違憲になってしまう可能性

一七八七年の憲法会議では、連邦政府の大きさや権限が主題であり、論争が繰り広げられた。そこで憲法は、一条に規定してあるように、政府が限られた権限しか行使できないようにした。ただし、憲法起草者や憲法批准者が連邦政府の大きさや権限について一致した具体的ビジョンを持っていたわけではなく、むしろ見解が分かれていた。もっとも、今日の連邦政府の姿をみればわかるように、憲法起草者らの予想以上に連邦政府の権限は拡大しており、かれらが意図していた権限の範囲を上回っている。他にいくつも同じような例がある。そのほとんどは、原意主義者らも、程度の差こそあれ、認め、関与し、合理化してきたものである。これらは重要な原理となっているが、それは原意主義が誰もわからないような難解な憲法規定を除いてあらゆる問題について対応してきたことを示すわけではない。むしろ原意主義は合衆国憲法の核心的原理と合致せず、ほとんどの場合、原意主義は別の内容を主張していた。

そのため、最も有力な原意主義者と目されるアントニン・スカリア裁判官は「臆病な原意主義者」と呼ばれるのを気に入っていた。なぜなら、彼は、原意主義が先述したような不合理な結果を招くよ

うな場合、原意主義に固執するのを避けてきたからである。スカリア裁判官いわく、「私は原意主義者であるが、偏屈者ではない」とのことである。だが、あっさりと原意を放棄するのであれば、次のような疑問が浮かぶ。すなわち、もしそのアプローチを貫徹することがあなたを偏屈者にしてしまうなら、その理論には欠陥があるのではないか、という疑問である。

ポレミックな主張をするつもりはないが、臆病な原意主義、条件付きの原意主義、日和見的な原意主義といったような原意主義はもはや原意主義を軸にした理論ではない。もともと原意主義は人民の一時的な感情や自分の価値を押し付けようとする裁判官に対して歯止めをかけようとするものである。しかし、原意主義を採用しながらも状況に応じてそれを放棄するのであれば、次のような問いにどうやって答えるのだろうか。まず、どのような原理に基づいて、ある事例では原意主義を放棄することが正しいとするのだろうか。さらにいえば、いったん特定の事例において原意主義を放棄すると決めた場合、そこではその代わりにいかなる原理を用いて判断するのだろうか。臆病な原意主義者——偏屈者ではないらしいが——は理論的体裁を繕うために、生ける憲法の論者がいつも批判されていることを答えることになるだろう。すなわち、法に従うのではなく、あなたにとって正しいと思われることをすればよい、と答えざるをえなくなるのである。もし日和見的な原意主義者がこの問いをかわせるとしたら、もはやかれらは状況に適応する生ける憲法論者といっても差し支えないのではないだろうか。かれらは憲法が時代に応じて変わることを認めているに等しいのである。

原意主義をとったことで生じる不合理な結果は原意主義に内在する欠陥である。原意主義は少なくとも三つの根本的な問題をはらんでいる。

①最も現実的な問題として、たいていの場合、原意とは何かを明らかにすることが不可能であるという問題がある。憲法起草者が憲法の諸々の規定を批准したとき、かれらがそのことについて何を考えていたのかをどうやって明らかにすればいいのだろうか。過去の人々がその世界について考えていたことを明らかにする作業は歴史家の役割であり、法律家や裁判官がその種の歴史研究に秀でているとは思えない――とりわけかれらがきわめて論争的な法的問題に取り組むときにはなおさらその作業には向いていない。

②たとえ原意を発見することができたとしても、次にそれを現代に通じるように翻訳しなければならない。憲法制定者や憲法批准者はかれらのいた世界しかわからない。それなのに、どうやってそれを現代の世界に当てはめればいいのだろうか。

③最も根本的な問題として、トマス・ジェファーソンが提起し、今なお原意主義者が直面している有名な問題がある。かつてジェファーソンはこう言った。世界は現在生きている人のものである、と。すなわち、なぜ我々はもはや存在していない何百年も昔の人々の判断に従わなければならないのか、という問題を提起したのである。憲法条文について重大な役割を果たした制定者は、我々の多くにとって血のつながりのある先祖ですらない。それにもかかわらず、なぜかれらの考えを尊重しなければならないのだろうか。

（1）　歴史の素人という問題

原意主義は過去から何かを発見するように要求する。すなわち、憲法条文を批准した人々が理解していたこと、決定したこと、意味していたことを見つけ出せと。それは裁判官に歴史家になれ、と要求するようなものである。

ましてや、原意主義を採用する裁判官たちは歴史家以上に歴史研究に優れていなければならない。歴史家の場合、自ら対象を選ぶことができる。もし歴史の中で特定の時代における思想の流れがあまりに混沌としていて理解できなくても、歴史家はもっと理解しやすい時代を選んで本を書くことができる。ところが、原意主義の裁判官たちはそのようなえり好みはできない。裁判所に上がってきた事件が修正四条の禁じる不合理な捜索および押収に関するものであれば、その歴史を調べるのがどんなに難しくても、かれらは修正四条の歴史を知的に紐解かなければならない。さらにいえば、かれらは歴史家のように興味深く解明する筋書きを伝えればいいだけでなく、専門知が絡む歴史の意味を解明しなければならない。つまり、かれらは裁判の争点になった歴史的問題に答えなければならないのである。その作業は、憲法制定者の世代の人たちが自宅や文書の捜索についてどのように理解していたのかを探るといったような歴史家が行うような方法では不十分である。裁判官の場合、たとえば、警察が逮捕した者の所持するブリーフケースを調べる前に捜索令状が必要であることを修正四条が要求しているかどうかを判断しなければならない。

この種の詳細な歴史研究はきわめて難しいものである。実際には最近の歴史ですら一筋縄ではいかない。一九七〇年代、連邦議会は連邦および州の政府が性差別を行うことを禁止する憲法修正案[8]を提出し、多くの州がそれに賛同した。現在生きている人の多くはこの修正案をめぐる議論に接したことがあるはずである。それでは、この修正案の中身を明確に覚えているだろうか。あるいは、そもそもそれが批准されたかどうかを知っているだろうか。この平等案は公立の女子校と男子校をすべて廃止しようとしただろうか。政府に女性の公務員に対して産休を与えるように要求しただろうか。子供のいる女性（男性も？）のアルバイトに対して配慮するように求めただろうか。こうした論点はこの修正案が提案されたときに議論されたものである。賛成派はこの修正を穏健なものと位置付けたが、反対派は過激で危険なものとみなすなど、双方ともレトリックを用いた戦術をとった。つまり、様々な人々が様々な希望と期待を抱いていたのである。思うに、この問題をめぐって一般的な「理解」が存在していたとは誰も言わないだろう。もしこんなに最近の出来事でさえ明確な理解を特定できないのであれば、権利章典などの原意を正確に明らかにするのはほぼ不可能である。

これに対して原意主義者は原意を探ることが難しいからといって原意主義を拒否する理由にはならないと反論するだろうし、たしかにそれは正しい反論である。だが、原意を明らかにすることが困難であればやはりそれを採用することは難しい。これにはいくつかの理由がある。第一に、原意主義は明らかにそれを実践する能力に欠けた人々に対してそれを採用するように求めるという難題を抱える。すなわち、原意主義が裁判官を対象にすることの問題である。裁判官は法律家であり、法律家が何世紀も前の政治文化を理解することに長けているとはとうてい考えられない。

第二に、裁判官が歴史理解を間違ってしまうリスクがあるだけでなく、誤った歴史理解を実践してしまうという、より深刻な問題がある。歴史資料が曖昧で雑然としている場合、裁判官は自分の考えに合うように歴史資料を読解しようとするという誘惑にかられることがよくある。二〇〇八年のヘラー判決[9]では武器を所持する権利があるかどうかが争われ、連邦最高裁の裁判官たちは修正二条の原意をめぐって鋭く対立した——その対立は裁判官の党派的イデオロギーの違いとほぼ合致していた。銃の所持を求める側の主張にシンパシーを感じる裁判官たちは原意がその立場を擁護すると考えていた。一方、銃規制を求める市や州の主張にシンパシーを感じる裁判官たちも原意がその立場を擁護すると考えていた。一見矛盾するかのように見えるこの構図はそれほど珍しいことではなかった。裁判官や学者たちは自分たちが望んでいる原意を見つけ出そうとしてきたからである。生ける憲法の考えに対する主な批判は裁判官が憲法を操作してしまうこと——裁判官が自分たちの考えを憲法そのものに置き換えてしまうことである。ところが、原意主義にも同じ批判が当てはまるのである。

では、もし原意が明らかであったとしたらどうだろうか。たとえば、修正八条が制定されたとき、それが死刑を禁止するとは理解されていなかったことについて異論はないだろう。おそらく、原意主義は、明らかな原意を採用するアプローチ、と定義し直すべきだろう。その再定義に基づくと、原意主義が妥当する場面は限られることになる。もっとも、その限られた場面ですら、すなわちどんなに原意が明らかであったとしても、原意主義にはさらなる問題が待ち構えている。どのようにして原意を現在の問題に適用可能な原理に変換させるのか、という問題である。

（2）変換の問題

仮に原意が何を意味しているかがわかっているとしよう。たとえば、修正二条は確実に個人が身の安全のために自宅で銃を持つ権利を保障していると理解できるとしよう。だが、それでもなお根本的な問題が潜んでいる。仮に憲法制定者が個人の銃を所持する権利を保障しようとしていたとしても、それは当時の社会において通用する話である。今と比べると武器が原始的であり、人々も武器も移動能力が限られていて、大部分が同質的な小さな田舎町といったような状況下で、憲法制定者は個人が銃を持つ権利を認めたと考えられる。

ところが、憲法制定者が、今の我々の社会で同じことを望むとは思えない。もし憲法制定者が二一世紀の状況を予測できるとしたら、かれらはきっと銃を大幅に規制すべきであると考える可能性が高い。もちろん、それは憶測にすぎないわけであるが、実はこれも重要な点である。

ここまで掘り下げるのはやりすぎのように思えるかもしれないが、必ずしもそうではない。こうした問題――状況が変わったらどうするかという問題――は、ある者の指示に従わなければならない義務があるもののその人と意思疎通をはかることができない場合に常に生じるものである。簡単な例を挙げてみよう。軍隊の上官が部下に命令を出したとする。部下はその命令に従わなければならない義務を負う。しかし、その命令を受けた後に上官と連絡をとることができなくなり、状況が大きく変化したら、どうすればいいだろうか（要するに、我々は憲法の制定者や批准者と意思疎通をはかることができないということを言いたいのだ）。その部下は、状況が大きく変わったとしてもその命令を忠実にこなさなければならないと上官が意図していたかどうかについて判断しなければならない。もし上官がその状況を予見していなかったと考えられるなら、上官はそのような事態を想定していなかったことになるわけであり、部下は上官の意図にできる限り沿うような形で行動しなければならないことになる。もし命令が下されてから時間が経過しておらず、それほど大きな状況の変化が起こっていなければ、上官と部下との間に大きな齟齬はなく、その事態に対して適切な対応ができる。しかし、もし上官が一八世紀または一九世紀中盤に生きていた人物で、部下が二一世紀に活動するような場合だったとしたら、この問題に自信をもって答えたとしても、それは欺瞞でしかない。

憲法解釈をめぐる事案ではたびたびこの種の問題に突き当たることがあった。憲法は連邦議会に「州と州の間の……通商」[10]を規制する権限を与えている。今日、この規定は、州の中で起こった問題であっても他の州とも関係したり州と州の間の通商に関係したりすることがあるという理由で、州と州の間で生じた様々な問題を広く規制する権限を連邦議会に与えたものと解釈されている。このような解釈は原意に反しないだろうか。憲法制定者が州際通商条項を批准したとき、かれらが連邦の権限をここまで広げようと考えていなかったことは明らかである。

憲法制定者は、あくまで当時、どのように州際通商条項が社会や経済に作用するかを考えていた。だが、我々の社会や経済は当時よりもずっと複雑で相互に絡み合っている。一七八七年の時点では、連邦議会の州際通商条項が現在の我々のような社会──移動やコミュニケーションの手段が発達し、貿易や金融制度が発展した社会──に適用される姿を想定することはできなかったはずである。当時からすると、現代社会は文字通り想像を絶する世界になっている。もし想像できたとしても、当時の難しい憲法問題を解決するのに腐心している憲法制定者が将来の問題についても考慮しなければならないといえるだろうか。もし憲法制定者のうちの何人かが将来の対応をも考えていたとしても、それに関する一般的な理解が存在したといえるだろうか。

修正二条の銃を持つ権利や州際通商条項が二一世紀の社会にどのように適用されるかについて、その原意を尋ねようとすることはこう聞くのと一緒である。すなわち、もし女性が妊娠しなくても子供が誕生するようになった時代が到来し、男女が平等に育児を担うような状況になったとしたら、一九七〇年代に提案された平等権修正はそのような状況に対して何をいうことができるだろうか。このような問いを投げかけることは学問的な意味はあるかもしれないが、ほとんどの人はせいぜい肩をすくめるか苦笑を浮かべるだけだろう。この問いに対して正しい答えがあると考えることは馬鹿げている。ところが、原意主義はそのような問いに対する答えが当時においても存在していたふりをしなければならないというわけである。

（３）　ジェファーソンの問題

憲法が制定されてからほどなくして、ジェファーソンはある有名な言葉を残したのだが、それは原意主義にとって根本的課題となるものであった。ジェファーソンは一七八九年にマディソンに宛てた手紙の中で「地球は今生きている者のためにある」と記述したのである。ジェファーソンいわく、「一つの独立した国家が他の国家にはなれないのと同様に、一つの世代は別の世代になれないと考えるのが法の摂理である」。つまり、一つの世代は別の世代を拘束することができないのである。ジェファーソンのウェブスター辞典（現代版）[11]を使ってこれを説明してみよう。二一世紀のアメリカ人は、憲法が制定された二〇〇年以上前のアメリカ人と比べて、ニュージーランドの市民ときわめて多くの共通点――人口的、道徳的、文化的、歴史的に――を持っている。しかし、だからといってニュージーランドの人々に、我々の法に関する基本的事項を決めさせるとしたら、それは奇妙な話である。ものすごく距離の離れた外国の人たちに決定権を委ねてもいいのだろうか。

この問題については答えがあると思われるが、その答えは原意主義を支持することにはならない。むしろ原意主義が適切な解答を出せるとは思えない。憲法は法だから、と答えるだけでは不十分である。もちろん憲法は法であるが、それが法であるからといって、その解釈方法が決まるわけではない。ましてや憲法を制定した我々の祖先から続く世代を超えたプロジェクトに関与しているからという答えも適切ではない。そもそも我々は世代を超えたプロジェクトとは何かを明らかにしなければならない。我々は憲法制定者の世代に忠誠を誓わなければならないからである、という答えも不十分である。現代のような多元的社会において忠誠といったような宗教じみた概念を持ち出すのは一般に通用しない。我々は数多の文化・宗教からどれに忠誠を尽くすかを選ぶことができるのであって、決まったものを選ばなければならないわけではないのである。ところで、「忠誠」という言葉を持ち出す場合、それは何を要求するのだろうか。それは、原意に固執するのではなく、憲法を現代に適応させる「生ける憲法」を要求するのではないだろうか。

もし原意主義を一般的な憲法解釈の手法として提示する場合には、ジェファーソンの言葉が原意主義の重大な欠陥を示していることに留意しなければならない。この問題を解消するのは容易くない。ジェファーソンの言葉はきわめて多くのことを示唆している。原意主義者であろうとなかろうと、憲法典は法であると考えられている。誰も憲法典を丸ごと放棄しようとはしない。だが、なぜ上院議員は人口比例に応じて配分されるのではなく各州から二人ずつ選出されるのだろうか。その答えは憲法制定者が二〇〇年以上も前に作ったものだからである。その意味では、誰も徹頭徹尾ジェファーソンの言葉に従うことにはならないだろう。これについては、ジェファーソンの言葉を受け止めつつ、憲法典にこだわる方法があることを第5章で示そうと思う。ただし、ここでは、原意主義者――ずいぶんと前に亡くなった人々の理解が原理的に憲法のあらゆる部分を支配すべきと考える人たち――がジェファーソンの言葉に対して有効な反論をしていないことを認識しておくべきである。

4　穏健な原意主義

過激な原意主義は憲法規定の原意があらゆる憲法問題を解決することになると考えている。ここまで、私はこの過激な原意主義に照準を当てて、これを批判してきた。もっとも、原意主義者を名告《なの》る論者の多くはこうした過激な原意主義をとらない。おそらく、一般的な原意主義は特定の原意ではなく、憲法制定者や批准者が設定したであろうと考えられる原理を重視している。

人種別学制度の合憲性が問われたブラウン判決を例に考えてみよう。先述したように、修正一四条が制定されたとき、それが人種別学制度を禁止するとはまったく考えられていなかった。しかし、穏健な原意主義によれば、それは原意主義の批判にはならないという。起草者や批准者が想定していた特定の帰結は原意にとって重要ではない。重要なのは、修正一四条が制定された当時、人種間の平等という原理を設定しようと考えられていたことである。当時は人種別学制度もこの原理に適うものと理解されていたが、その点は重要ではない。もし、今我々が、人種別学制度がこの原理にそぐわないと決断するのであれば、原意を損なうことなく人種別学制度を禁じることができる。なぜなら、我々は修正一四条が具現化しようとする人種間の平等という原理に忠実に従おうとしてそのような決断をしたからである。我々は原理に従っている限り、制定時の世代が描いていた特定の帰結にこだわる必要はないのである。

穏健な原意主義はよく知られたアプローチであり、その種類も多様である。たとえば、原意には従わなければならないけれども原意をそのまま適用する必要はない、といった主張がある。穏健な原意主義は原意を措定する際にその一般的意味を変化させるという特徴がある。それは「人種分離政策は受容可能である」という原意を記述する代わりに、「人種的平等が要求される」ことが原意であると言い換える。そのため、穏健な原意主義は、先述したような厳格な原意主義とは相いれなかった確立した憲法的ルールにいとも簡単に整合する。いったん原意の一般的意味が措定されれば――特定の帰結を導くのではなく原理のレベルで――あらゆる憲法的ルール（人種統合政策や一人一票など）が原意に整合することになるのである。

穏健な原意主義の問題は何でも正当化してしまう点である。特定の帰結ではなく、憲法制定者が描いた原理にのみ拘束されるとすれば、その抽象的な原理をもってすれば、いかなる結果をも望み通りに正当化することができるからである。

たとえば、「残虐で異常な刑罰」を禁止する修正八条は、その制定時には死刑を許容していたと理解されている。厳格な原意主義をとるのであれば、死刑に関する原意が決定打となる。しかし、穏健な原意主義は、「残虐な刑罰は禁止される」という原理が適切な原意であると考える。つまり、原意が存在していたとしても、死刑が残虐に当たるかどうかは我々の判断次第なのである。その結果、死刑の合憲性について、裁判官と憲法制定者の考え方が合わなかったとしても、裁判官は残虐な刑罰は違憲であるという原理を提示すれば、それだけで原意に則した判断であるということが可能になるのである。

もし裁判官が死刑を残虐だと判断することになれば、もはや裁判官はいかなる刑罰をも自由に違憲とすることができるようになってしまう。原意主義の狙いが裁判官の裁量を限定しようとする点にあるとすれば（あるいは執行府のような他の機関の憲法解釈の裁量統制）、穏健な原意主義はそれに失敗していると言わざるをえない。なぜなら裁判官は憲法規定の原理を根拠として提示すれば、何でも自分の望むように判断することができるからである。憲法条文の抽象的かつ一般的意味を掲げさえすれば、その判断を妨げるものはほぼなくなるのである。

別の例として人種分離政策を考えてみよう。穏健な原意主義は、修正一四条が制定された時点では公立学校における人種分離政策が合憲だと一般に理解されていたことを認める。そのため、穏健な原意主義がブラウン判決を正当化するとき、原意は特定の帰結を意味するのではなく人種的平等という原理を表すものと捉えた上で憲法解釈を行う。しかし、なぜその時点で人種的平等を理由に人種分離政策を止められなかったのか。なぜ抑圧されてきた奴隷たちが解放されたのと同様に抑圧されてきたあらゆる人種的少数派にも平等が保障されると考えるのが原意であると言わなかったのか。仮に制定時には、新たに解放された奴隷のみが平等保護の対象になるという見解があったとしても、それが原意の理解として誤っているわけではない（実際には、おそらく憲法制定者は他の集団も平等保護の対象に含まれると考えていたはずである）。抑圧された少数派が平等保護の対象になるというのが原意であるとするならば、もし裁判所が、女性や同性愛者が抑圧されてきた少数派に含まれる――それどころか、もし地主を差別する法律があれば地主も含まれることになる――と考える場合には、（穏健な）原意主義に基づくという体裁をとりつつ、それらの者を差別する法令を違憲と判断できてしまう。修正一四条の制定者や批准者が、女性、同性愛者、地主がアフリカ系アメリカ人と同様に抑圧されてきたグループに含まれると考えていたと推論する証拠はない。しかし、穏健な原意主義に基づけば、人種分離政策が人種的平等に反しないと考えられていたことに拘束されないのと同様に、平等保護の対象となる集団についての憲法制定者らの見解に拘束されないことになる。

要するに、穏健な原意主義は、憲法制定者が想定した帰結から離れて、原意を抽象的なものとして捉えてしまうので、原意を恣意的に用いてしまうという問題を抱えるのである。もっとも、穏健な原意主義が不誠実なアプローチであるというつもりはない。原理を適用するというやり方には賛同できないとしても、はるか前の世代との接続をはかるために原理を用いること自体は優れたアプローチである。注意しなければならないのは、穏健な原意主義は原意主義が本来意図していたものとは異なるという点である。この方法では裁判官や他の機関の憲法解釈を統制することはできない。それは裁判官たちが自分の価値観を反映させた恣意的な判断を可能にしてしまう（たとえば、死刑は残虐だろうか、今日の同性愛者に対する扱いは南北戦争後の黒人に対する扱いと同一視できるだろうか、といった問いに対して）。結局、原意主義は生ける憲法の利点を活用することはできないのである。

5　なぜ原意主義が魅力的なのか

これまでみてきたような原意主義に対する批判は以前からあるものである。つまり、そのほとんどは、程度の差こそあれ、何十年も前から繰り広げられてきた批判である。ちなみに、近時の原意主義を擁護する論者が保守派だったこともあり、今日、原意主義は保守派が好むアプローチだと考えられている。しかし、一九四〇年代から一九六〇年代にかけてはブラック裁判官――リベラル派と位置付けられている――が有力な原意主義者であり、法の世界における影響力は今日の保守派のそれを上回るほどであった。当時の保守派はブラック裁判官の原意主義を批判したが、それは今日の原意主義に対する批判者が保守的原意主義を批判するものと同じ内容である。

不思議なのは原意主義がいくら批判されてもしぶとく生き残っている点である。これには三つの理由があると思われる。第一に、原意主義がわりと自然なアプローチであるということである。憲法はその条文が解釈されることが前提となっている。一般に、我々が何らかのテクストを解釈するとき、その著者がテクスト上の言葉をどのように理解していたかを考える。それは、私文書であってもそうであるし、先に例で挙げたような軍隊の上官の命令であってもそうである（文学の解釈はまた別問題であるが、少なくとも、ある有力な文学批評学派は著者の理解を最重視する立場をとっている）。だが、なぜこれが憲法においても妥当するといえるのだろうか。

たしかに、場合によってはそれが憲法に当てはまることもある。もし憲法規定が最近制定されたばかりだとしたら、制定者の理解が最重視されるべきだろう。たとえば、ボランティアの聖職者が公立学校で祈りを捧げることを認める憲法修正が行われたとする。そして一般的理解によれば、それは教員が正式に認めた聖職者に祈りを許可したものと理解されたとしよう。あるいは、生徒が静かにしていたり教室にいなかったりする限り、その聖職者の祈りはボランティアとみなされるとしよう。もし憲法修正直後にそうした一般的理解が存在しているのであれば、その修正条項が他のことを意味すると考えるのは誤った憲法解釈になると思われる。たとえば、教員が認めた聖職者は「ボランティア」に該当しないと解釈し、その結果その聖職者は正式に認められていないと判断することは間違っていることになる。

しかし、一般的理解が存在するのは稀なことである。もし一般的理解が明らかであるとしても、時が経つにつれて、原意にこだわる理由は色褪せていく。これまで述べてきたような原意主義の欠陥が露呈し始めるのである。いったいどうやって原意を新たな状況に適用すればいいのかわからなくなる。それこそジェファーソンの問題提起が当てはまることになるのである。

憲法の規定はいずれも現代的課題に対応するには古すぎる。最も物議をかもしている問題は一〇〇年以上も前から続いている。原意主義はもはや憲法解釈において当然の方法とはいえない。実際にも、我々は厳格な原意主義が要求するような方法で憲法を解釈していない。確立した憲法原理が原意主義とそぐわない例が多いことは先述した通りである。合衆国憲法は、原意主義ではなく、生ける憲法の所産であることを、後で詳しく説明することにしよう。

以上のような批判にもかかわらず、原意主義が生き残っている第二の理由は、原意主義が必ずしも実用的な憲法解釈方法論を説いているわけではないという点である。つまり、それはレトリック的な修辞であるということである。人々は、憲法制定者の意図に寄り添っていると主張することで、ある見解——憲法制定者の意図とは関係ない別の理由に基づく見解——を擁護しようとする。原意主義は、すでに存在している法秩序を部分的に変更しようとする者が特別なレトリックとして用いる武器なのである。もし現行法があなたの考え方に反している場合、あなたはそれを変更するために何かに依拠することになる——そこであなたは憲法制定者の意図を活用する。ブラック裁判官は、表現の自由や不利な立場にある少数派の権利よりも経済的自由を強く保障する既存の憲法秩序に対して強く反発していた。そこでブラック裁判官は古い秩序に立ち向かうために憲法制定者の意図を持ち出すことにした。ブラック裁判官の後、保守派はアール・ウォーレン長官が実践してきたリベラルな司法に対抗するために同じような戦法を使い始めた。すなわち、今度は保守派が憲法制定者の意図を活用し始めたのである。

原意主義が生き残っている第三の理由は、多くの欠点が指摘されるにもかかわらず、有力なライバルがいないという点である。生ける憲法に対しては、本書の冒頭で指摘したように、強い批判がある。それによれば、生ける憲法は融通無碍すぎて、解釈方法の中身がまるでないのではないかという。つまり、生ける憲法は何も縛りをかけない議論であり、ある意味何でもありの議論であるという批判がある。

この後の章では、生ける憲法がこうした批判を乗り越えられること——原意主義と違って、生ける憲法は合衆国憲法が実際に発展してきた方法であることを示すことで——を明らかにする。

第2章　コモンロー

連邦最高裁の判決をどれか一つ読んでみてほしい。そして裁判官がどのようにして結論を正当化しているのかを確認してもらいたい。憲法条文はせいぜい儀式のような役割しか果たしていないことに気づかないだろうか。実際の判断はほとんど先例の分析に終始している。たとえば、ある判断は条文を引用符で括りながら始める。「修正四条は次のように定める……」といった具合である。その後、義理を果たしたかのように、条文は姿を消す。続けて登場するのが「我々は」――それは連邦最高裁を指す――「修正四条が……を要求するものと解釈する」という一節である。そして、先例についての詳細かつ念入りな分析が続く。

先例が存在しない場合、あるいは先例が不明瞭または曖昧な場合、連邦最高裁は公正や賢慮について検討し始める。すなわち、なぜこの結果が他の結果よりも筋が通っているか、なぜこれとは別の判断をすると重要な社会利益を害することになるかについてである。原意は時折何らかの役割を果たすことがあるが、たいていそれは補足的な役割にとどまり、連邦最高裁自身もそれが結論を左右するものではないことを認めている。

二〇〇八年に原意を軸に修正二条に基づき銃を持つ権利を認めたヘラー判決のような例外もある。しかし、そうしたケースは稀である。ヘラー判決の法廷意見は条文と原意を分析したが、実際には各裁判官の銃規制に関する見解が入り混じっていたように思える。

当事者は何が実際に連邦最高裁の判断に影響を与えるのかを知っている。弁論書には公正や賢慮の観点から適切な結果となる先例や議論を分析した内容が記載される。口頭弁論でも同じ内容が述べられる。一方、憲法条文が言及されることはめったにない。原意が参照されることもきわめて稀である。憲法訴訟における口頭弁論では先例との関係が議論され、また特定の解釈がコモンセンス[1]に反するような結果を導くことになるかを検討するために仮の事案について議論されることが多い。

憲法解釈の特徴は法律解釈と比べるとよりわかりやすくなる。法律の解釈に関する事件の場合、弁論書、口頭弁論、法廷意見は一般に法律の文言に着目する。しかし、憲法の解釈に関する事件の場合、条文はそれほど注目されない。基本的にアメリカ憲法の実体は先例であり、先例がない場合は、公正や賢慮といったコモンセンスの分析を行うことになる。

そうなると、我々は憲法を持っているといえるのか、という疑問が浮かぶかもしれない。もちろん、我々は憲法を持っている。もし公文書館のガラスケースに保管されている憲法典が憲法だと思っているのなら、まだアメリカ憲法を理解できていない。憲法典はある一時期に定められた短い文書にすぎない。一方、アメリカ合衆国はきわめて複雑多岐に変化する社会で生じる憲法問題について二世紀以上にわたって取り組んできた。

これらの問題に取り組む中で得られた教訓は時折憲法修正によって憲法条文に刻み込まれるが、その場合ですら憲法の実体がすでに変化した後で憲法修正が行われることが多い。これらの教訓は連邦最高裁の判断を通して具体化され、さらに裁判所以外の場面で展開してきた伝統や理解においても具体化されるものである。これらの先例、伝統、理解はいわゆる小文字の憲法にとって不可欠な構成要素となる。すなわち、実際に機能している憲法のことである。この小文字の憲法——公文書館にある憲法典と連動する——は生ける憲法なのである。[2]

第3章と第4章では、アメリカ憲法において最も重要な二つの法理——修正一条に基づく表現の自由の保護と人種分離政策を違憲とした歴史的判決であるブラウン判決——が憲法条文を丹念に読み込んだり原意に遡ったりするのではなく、先例の発展によって形成されたことを実証する。憲法は、公正と賢慮の概念をある程度取り入れた先例の蓄積と発展によって進化しているのである。

とりわけ、どのようにして法がそうした発展的方法によって展開することができるのかを説明することが重要である。ただし、生ける憲法の特徴でもあるこの種の発展はしばしば複雑である。それは数学的問題を解決するようなものではない。つまり、アルゴリズム的問題[3]ではない。それは判断作用に関わるものである。それは、公正や賢慮に関する判断のように、狭い意味では法とはいえない議論や見解に関わるものである。そのため、法とは緻密性、洗練性、透明性、閉鎖性を兼ね備えたものであると考えるのであれば、生ける憲法は法ではないということになろう。

他面、私が描述する発展——公正と賢慮の概念を取り入れながら発展する先例——は最も古くかつ最も効果的な法の一つでもある。それは憲法典が制定される前から、何世紀にもわたって続いてきたコモンローである。私法の最も重要な分野の基本原理——財産、不法行為、契約——は法律ではなくコモンロー、すなわち先例の蓄積によって発展してきた。コモンローは二〇世紀までアメリカにおいて（イギリスでも）主要な法形式であり、今日に至ってもなお多くの分野で重要な存在となっている。

生ける憲法に対する主な懸念はそれが裁判官や他の解釈者に白地手形[4]を渡してしまうのではないかというものである。しかし、コモンローは何世紀にもわたって裁判官を統制してきた。実際には、むしろ原意主義よりも効果的に裁判官の裁量を統制してきたといえる。コモンローのアプローチは原意主義よりも正当化可能なものである。そしてコモンローのアプローチは我々の憲法が現実にはどのようなものなのかをわかりやすく説明することを可能にする。

1　二つの伝統

法とは何かを考える場合、二つの有力なアプローチがある。おそらく最もわかりやすい説明は上官の命令を法とみなすアプローチである。ただし、ここでいう「上官」は命令者としての上官ではない。それは民主的に選出された立法者のことを指す。このアプローチによれば、それを命じる個人または法人が王としての神聖な権限か、より現代的な民主的正当性のいずれかに基づいて強制的命令を発する権威を有するがゆえに、法は我々を拘束すると考える。とはいえ、結局それは誰かによる権威的な命令である。そのため、もし法とは何かを決めるのであれば、上官、すなわち主権者の行為を検討しなければならない。主権者が用いた言葉、主権者の意図を示す証拠などが検討対象となる。

原意主義はこのアプローチの一種である。原意主義者によれば、一七〇〇年代後半または諸々の修正条項が制定されたときに、人民がそれを承認したがゆえに憲法は法であるという。人民が承認していなければ、それは法ではないことになる。もし憲法が何を要求しているのかを明らかにしたければ、かつて人民が何を求めていたのかを分析しなければならない。すなわち、人民が承認した文言や、各条文を承認したときに人民が何をしようとしていたのかを検討するということである。ここでいったん立ち止まってみよう。憲法条文や原意から離れてしまう場合にはもはや法を対象としていないことになる。つまり、自分たちの価値を法に読み込むといったような原意以外のことに目を向けることは法を対象としているとはいえないのである。

もっとも、この主権者命令説以外にも、法とは何かを考えるアプローチがある。それは主権者命令説の最大のライバルともいえるコモンロー説であり、何世紀にもわたって両者は対立してきた。初期のコモンローの法律家たちはコモンローを慣習の一種だとみなしていた。法とは特殊な慣習の積み重ねであり、慣習が社会において登場するのと同じような形で法が登場すると考えられていたのである。そのため、主権者が、ある慣習が浸透するようになったことや特定の慣習が成立した正確な時期を命じることは意味をなさない。慣習はそのようなやり方で登場するわけではない。とはいえ、現在の法制度はきわめて複雑かつ難解であるため、社会に浸透する慣習が法であるとみなすことは難しい。しかし、それでもなお、コモンロー説においては、法が慣習のようなものであると考えることが重要である。それは過去の一時点において成立するのではなく、時代を通して発展するものである。つまり、法は何世代にもわたって多くの人々が発展させてきた産物なのである。したがって、そこでは、ある者がある特定の時期に個々のやり方で命じたものを法とみなす余地はない。

コモンロー説によれば、法の権威は、誰かが統治権を有しているとか、民主的であるとか、そういった類の事実に依拠するものではない。そうでなく、法の権威は法の発展や何世代にもわたる一般的受容に依拠すると考える。

長期にわたって機能してきた法的ルールはそれだけで服従を求める理由となる。そのため、コモンロー説によれば、ある権威的法典やある者の意図を検討しても法の内容は決まらない。法の内容はそれを生み出した展開のプロセスによって決まる。現在の解釈者は、継続的発展のプロセスの一つとして法の発展に寄与するわけであり、現状を無視したり新しく始めたりするわけではないのである。

ここで特徴的なのは、法は先例の積み重ねを経て発展のプロセスを形成するという点である。ハードケースに直面した裁判官は先例が同様の事件をどのように解決したのかを参考にする。裁判官は、同様の事件について先例が行った判断と同じような判断をしてみようとするところから始める。たいていの場合、先例の内容は明らかであり、先例が示した内容について議論が起こることはあまりないといえる。しかし、先例は時に当該事件の結論に直結しないことがある。先例が今扱っている事件との類似性が高くないことがありうる。あるいは、先例に従うと、今扱っている事件の結果とは異なる結論を示唆することもありうる。そうした場合、裁判官はどのように判断すべきかを考えなければならない。

先例の内容が明らかでないという問題については、様々なテクニカルな手法を駆使することによって対応することができる。よくあるのは、裁判官が自身の見解に基づいてより公正な判断またはより賢慮に基づく判断になるように当該事件を処理するという方法である。これはコモンローにおいて確立した手法である。つまり、コモンローの手法は単に先例に従えばいいというわけではないということである。公正や社会政策のような観点から判断するという正当な機能を兼ね備えているのである。
この種の判断がコモンローシステムにおいてどれくらい重要な役割を果たすのかについては、過大評価しても過小評価してもいけない。
アメリカの最も偉大なコモンロー裁判官の一人であるベンジャミン・カードーゾは次のように述べている。

法の究極の目的は社会の福祉である。この目的を逸したルールはその存在を永遠に正当化できない……［しかし］、だからといって裁判官は好都合または賢明と思われる他のルールのために好き勝手に既存のルールを無効にできるというわけではない。裁判官が既存のルールをどの程度拡大または縮小すべきであるかを問われたとき、かれらはその方向性が社会の福祉に適うようにしなければならないと言いたいのである。

うまく機能している法システムの下では、潜在的に裁判に至る可能性がある事件があっても、ほとんどの場合は訴訟にまで発展しない。なぜなら、法の内容が明らかなので法的紛争まで発展しないからである。それはコモンローのシステムにおいても同様である。訴訟にまで至るのはわずかであり、その場合には裁判で正しい答えが示されることになる。そして、おそらくもっとも重要な点であるが、結果のめどが立たず、公正や賢慮について物議をかもしているような場合であっても、多くの場合、裁判官は先例を基に結論にたどり着くといえるだろう。

たとえば、車の欠陥によって損害を被った人が製造会社を訴えたケース――これは後述するようにコモンローにおいて取り上げられる有名な事件である――を考えてみよう。このとき、被害者が製造会社の不注意を証明しなければならないのか、それとも製造会社が合理的な警告を与えていた場合でも損害賠償責任を負わせることができるのか。先例はこの点について明らかにしていなかった。そのため、裁判官は自分でどちらが良策なのかを考えて答えを選ぶことになる。ただし、それは裁判官が突如として自らの見解を打ち出したことにはならないことに注意が必要である。なぜなら、先例は（本件において）あまりに極端な結果――たとえそれが裁判官の琴線に触れるようなものであっても――になることを排除していたと考えられるからである。ゆえに裁判官は、被害者が絶対に損害を回復することができない、製造会社が故意に欠陥車を市場に売り出した、（逆に）たとえ車が良好な状態にあっても製造会社の予期できない出来事によって欠陥が生じた場合ですら被害者は損害を回復できる、などといったような判断を下すことはできないといえる。

言い換えれば、先例がその事件の結果を示すような内容を提示しておらず、裁判官が公正と賢慮に基づいて判断するような場合でも、先例はかつて示した範囲を超えて判断しないように求めるという役割を果たしているのである。

賢慮や公正に基づく判断はコモンローの他の場面でも機能することがある。コモンローの世界では、裁判官は先例に従わなければならないという前提がある。しかし、それは柔軟な方法とはいえない。

そのため、コモンローにおいても先例は覆されることがありうる。それでは、裁判官はどのような場合に先例を覆すことができるのだろうか。その答えはやや複雑なので、それについては第4章で取り上げることにする――つまり、そこでは公正や賢慮に基づく判断が限定的ではあるものの重要な役割を果たすということである。

2　アルゴリズムではなく、心構え

このようにいうと、コモンローは漠然とした捉えどころのない何でもありのシステムのように思えるかもしれない――まさにこの種の批判がしばしば生ける憲法に対してなされるところである。ある事件が先例と区別されるのはいつなのか。先例同士の衝突を調整するルールはあるのか。先例を覆すルールはあるのか。

ほとんどの場合、コモンローシステムにはそれを解決する明快なルールがあるわけではない。なぜならコモンローはアルゴリズム的なものではないからである。もっとうまくコモンローの特徴を言い表すとすれば、それは心構えだといえる。謙虚や慎重な経験主義といったような心構えである。これらの心構えがコモンローの観念を創り上げることになる。その観念は近世イングランドにおける偉大な裁判官たちによって体系的に形成された。

一八世紀後半にこの観念を解説した最も有名な人物がいた。イギリスの政治家エドマンド・バークである。伝統的保守派であるバークは、法に特化せず、一般的な政治と社会について解説した。しかし、彼は社会変化のあり方についてコモンローをモデルとし、その理論の基盤について説明した（ただし、それはバークの非体系的な研究を表すのに適切な言葉ではないといえるが）。

コモンローの基礎をなす第一の心構えは個人の理性の力についての謙虚さである。他の人々が同種の問題を解決しようとして積み上げてきた知見を参照することなく、自分だけでその問題を解決しようとするのは誤った考えである。こういうときこそ先例に従うことに意味がある。特に先例が明確で長期にわたって形成されてきた場合にはなおさらである。バークいわく、「我々は人々が自身の理性のストックだけに頼って生活や取引を行ってしまうことをおそれている」「なぜなら各人が抱えるストックは小さなものにすぎず、各人は国全体が抱える資産や資源をうまく使った方がよりよく対処できるからである」。積み重ねられた先例はまさに「全体の資産や資源」であるといえる。積み上げられてきた知見よりも自分自身の知識の方が優れていると考えることは知的な驕りである。

第二の心構えは実際にどのように機能しているのかを問う姿勢を身に着けておくことである。実際上は満足のいく形で形成された合意が抽象的原理によって破棄されてしまう場合、たとえその合意が抽象的意味では完全に正当化されなくとも、抽象的原理に対する不信が生じる。世界は複雑である。いかなる抽象的理論も完全に世界を説明することはできない。もし慣行や制度が存続し、うまく機能しているようであれば、それだけでそれらを維持する十分な理由になる。慣行は経験に裏打ちされたある種のコモンセンスを具体化したものであり、それは抽象的理論で捉えることができない。再びバークを引用しよう。「統治の学問はそれ自体きわめて実践的なものであり、実践的目的を志向し、経験が必要な事柄であり、各人が人生で得るよりももっと多くの経験ですらあり……それは各人が大規模事業に取り掛かるように求める無限の要請であり、多くの年月を費やして社会共通の目的を示してきた」。

この種の心構えが成功した例として、アメリカのアファーマティブアクションを挙げることができる。アファーマティブアクションが最初に政治的・憲法的論点になったとき、少数派に有利なこの政策は保守派を含む様々な方面から批判にさらされた。ただし、その批判は抽象的だった。すなわち、社会は人種の違いを意識すべきではないという主張である。平等を実践する国では人種に基づく分類を行う余地がない。人々は人種以外の要素に基づいて物事を判断すべきであるというわけである。人々の間ではこうした主張は抽象的原理に基づくものであって誤っていることに気づいていたが、しかし、この種の議論は広く受け入れられていた。

もっとも、時が経つにつれ、アファーマティブアクションはアメリカ社会において広く受け入れられる制度になった。会社、専門職、行政機関、大学、軍隊で採用されている。これらの分野でアファーマティブアクションを実践した人たちは、多くの場合、アファーマティブアクションに対する抽象的な批判が誤っていたからという理由ではなく、アファーマティブアクションが実際に機能したという理由でそれを採用した。多様な職場（または生徒会や将校団）はより良い職場であり、多様な職場を確保する唯一の方法は雇用や昇進の際に人種的要素を考慮することだったのである。アファーマティブアクションに対する最初の訴訟が提起されてから約三〇年以上が経過したが、現在では多くのアメリカの組織においてアファーマティブアクションが実施されるようになったといっても過言ではないだろう[5]。たとえ抽象的正当化についてのコンセンサスが形成されていなくても、あるいは社会は人種の違いを意識すべきでないという主張に対する一般的な答えが存在していなくても、社会に根付いているのである。唯一、一般的に受容されている解答はバークの発想によるものである。すなわち、世界は思った以上に複雑であるがゆえに、アファーマティブアクションは機能するのだということである。

これに対する原意主義側の切り札——相変わらず曖昧性を批判するだけのものであるが、もしそれを真剣に受け止めるのであれば——は、批判として説得力があるようには思えない。その批判とは、生ける憲法論が漠然としすぎていて、恣意的に操作されてしまうというものである。

しかし、もし生ける憲法がコモンロー憲法であるとすれば、原意主義はもはやそれを批判する余地がない。コモンローは何世紀にもわたって存続してきたものである。憲法以外の分野では、コモンローは長きにわたって裁判官の裁量を限定し、個人に対して行動指針を示してきた。コモンローは必ずしも常に明快な答えを提示するわけではないが、先例に基づくコモンローシステムが絶えず恣意的であるということはできないはずである。

コモンロー的アプローチは少なくとも次の四つの点で原意主義よりも優れている。

・コモンロー的アプローチはより機能的である。原意主義は裁判官や法律家に歴史家になるように要求する。一方、コモンロー的アプローチは裁判官や法律家に対し、優れた裁判官、優れた法律家になることを要求する。裁判官や法律家が行うのは、時折、公正や賢慮の基本的概念に依拠しつつ、先例に基づく判断を行うことである。コモンローによって治められてきた憲法に関係しない分野では、裁判官や法律家は長い間それを実践してきたのである。

・コモンロー的アプローチはより正当化可能である。コモンローの考え方は我々が先例に従う理由について適切な説明を提供してくれる。中には、多かれ少なかれ、その考え方に賛同できない者もいるだろう。おそらく、バークが主張することよりも、抽象的理由の方がより適切な理由になると思うのかもしれない。つまり、我々は理論的構造に基づいて変化を起こすようにすべきというわけである。たしかに、時に過去は知識の倉庫になっていないことがある。それは単なる偶然の出来事の所産にすぎず、場合によっては不正義を積み重ねてしまうことさえあったかもしれない。しかし、バークの主張には疑う余地のないものがある。やや誇張気味な言い方になるが、コモンロー的アプローチは公正や賢慮の抽象性に大きな役割を割り当てる反面、先例の役割を減らしてしまうことをも認めることができるほど柔軟なアプローチだといえるのである。

一方、原意主義者はジェファーソンの問題提起に対する答えを持ち合わせていない。すなわち、なぜ我々は、異なる世界に生きていたずいぶんと前の人たちが我々の政府や現代社会についての基本事項について決めたことに従わなければならないのか、という問いである。原意主義者はコモンロー的アプローチが行うような方法で前の世代が積み上げてきた知見に依拠しようとしない。臆病な原意主義者であれば、憲法制定後の出来事にも注意を払うであろうが、原意主義者はそうではない。原意主義者にとって、その命令が発せられたとき——すなわち、ある規定が憲法の条文の一部となったとき――我々はその命令に従う明確な義務を負うことになる。しかし、なぜそうなるのか。我々が昨年選んだ立法府も同様ではないのか。憲法会議に出席した人々、そして一八世紀後半にその結果を批准した州が命じたものといったい何が異なるのだろうか。

・コモンロー的アプローチはまさに我々が実際に採用しているアプローチである。原意主義者が考えるアメリカ――州が人種別学を行ったり、連邦政府が人種差別を行ったり、女性差別が行われたり、州の立法府が不均衡な議員定数配分を行ったり、州がほとんどの権利章典を遵守する必要がなくなったり、社会保障が違憲になったりする状況――は我々が今住んでいるこの国の状況と大きくかけ離れている。少なくとも解釈の余地のある問題――大統領の在職期間のような明確な問題は別として――における憲法の基本原理は先例の所産であり、憲法条文や原意によって生み出されたものではない。先例や公正および賢慮によって憲法が実施されているのである。

・コモンロー的アプローチはより率直である。これは重要なことであるにもかかわらず、特に原意主義と比べた場合に、コモンロー的アプローチが過小評価される点でもある。コモンロー的アプローチは裁判官が自身の考える公正や賢慮に基づいて判断することを念頭に置いている。コモンロー的裁判官は何世紀にもわたってこれを実践してきた。ただし、それは裁判官が好きなように判断することを意味しているわけではない。裁判官の判断はかなり限定されている。なぜなら、裁判官が判断できるのは、先例が判断の余地を残した部分か、あるいは先例を覆すのが適切な場合に限られるからである。とはいえ、公正や賢慮に基づく判断は正当なので、コモンローシステムにおけるこの判断は率直かつ擁護可能なものである——ゆえに広く批判を受け入れる。

原意主義はこれと異なる。原意主義者は命令に従うように要求する。原意主義者は裁判官が自らの公正または賢慮に関する考えに基づいて判断してはならないとする。原意主義者は、そうした考えに基づく判断を統制のとれていない不当な権限行使とみなすからである。（裁判官が自分で最善と考える内容が結局は原意となっているのではないかという点からすれば、原意主義と生ける憲法は実際には同じ問題を抱えていることになるのだが）。原意主義者は、裁判官に対してただ愚直に修正二条または修正一条の信教の自由条項の原意を実践するように求めるので、銃規制や信教の自由に関する裁判官自身の考えはその判断とは関係ない。

そのようなアプローチは率直な対応とはいえない。原意主義は、憲法上論争のある条文を解釈するとき、不確定要素が生じる——先述した通り、原意の不確定性の問題や原意の翻訳の問題がある。不確定要素があると、裁判官はその問題について自分の見解を強く持つことが難しくなる。しかし、原意主義は裁判官が自らの見解に基づいてその問題を検討したり、その見解を擁護することを禁じている。その代わりに、裁判官の視線は憲法制定者に向けていなければならず、またその議論も歴史分析を装いながら進めなければならないのであって、それは実際に何が結果を左右するのかという観点に基づいていない。

論より証拠とよくいうが、コモンロー憲法——生ける憲法——が実際に機能していることを確認しなければ、それを効果的に論証することができない。この後の二つの章では、合衆国憲法が達成した最も重要な二つの事柄が条文や原意ではなく、コモンロー、すなわち生ける憲法に依拠するものであったことを示すことにする。

3　コモンローは非民主的か？

歴史的に、コモンローは、契約法、不法行為法、財産法、刑法などの分野で法源となってきた。立法府はこれらの分野におけるコモンローの判断を覆すことができた（これらの分野は州法が管轄する分野なので、基本的には州議会が覆すことができる）。ところが、憲法の意味に関する判断については連邦議会や州議会が覆すことができない。もし裁判所が先例を覆したり、あるいは憲法が正式に修正されたりするといったような例外的かつハードルが高いプロセスを経た場合のみ、その判断は覆されうる。

憲法解釈に関するコモンロー的アプローチはこの点が致命的な欠陥であると批判される。批判者によれば、コモンロー的アプローチは司法判断が通常の立法によって変更することが可能な場合のみ受け入れられる議論であるという。裁判所が誤った場合に人民の代表者がそれを正すことができるからである。しかし、裁判所が憲法解釈を行う場合、その判断は通常の立法で正すことができないので——批判者いわく——憲法解釈に関するコモンロー的アプローチは本質的かつ受容できないほど非民主的だといえる。
たしかに、合衆国憲法のシステムからすれば、それには非民主的側面があるといえる。しかし、だからといってコモンロー的アプローチが合衆国憲法のシステムを非民主的なものに変えてしまうわけではない。我々のシステムを非民主的にしてしまうとされるのは司法審査である。つまり、裁判所がほとんどの憲法問題について最終的判断権者になるという慣行である。だが、より深いレベルでみると、憲法自体は非民主的ではない。たとえば多数派が政治的対立相手を抑圧したり人種的少数派に対して差別したりしようとするとき、憲法は時に多数派の行為を止めることになるだろう。司法審査をねちねちと強く批判する議論がある反面、ほとんどの人は我々の憲法システムの「非民主的」な特徴についてはそれを良いものだと考えているのである。

アメリカのように司法審査制を備えた憲法システムにおいては、裁判所が憲法問題に関する法的紛争を解決する方法を何かしら持っていなければならない。そこで登場するのがコモンロー的アプローチである。コモンローはそもそも民主的・非民主的のどちらにも属さない。それは法的問題を解決する方法である。コモンロー的アプローチが非憲法的な法的問題に関連して展開してきたという事実——裁判所ではなく議会が最終的判断権者である場合の問題——はそれがそうした問題に限定されることを意味しない。コモンロー的アプローチは先述したような優れた点がある。すなわち、謙虚や良識ある経験主義を求めたり、限定された手法に基づく率直な判断権の行使を可能にしたりするものであり、それは何世紀にもわたる謙抑的な裁判官の実績に基づくものなのである。これらはいずれも憲法問題が生じた際にコモンロー的アプローチを用いるべき理由になる。

この点――コモンロー的アプローチは本質的に非民主的問題と関係ないという点――は他の場面でも散見することができる。裁判所以外の機関も決定を行う際にコモンロー的アプローチを用いることができる。エドマンド・バークはいみじくもコモンローが社会のあらゆる機関にとってモデルとなるべきと主張していた。

たとえば、立法府や執行府はアメリカの憲法問題について最終的判断権者である場合――これらの機関は時折そのように行動するのだが――これらの機関はコモンロー的アプローチのように先例をしばしば活用する。司法省の法律顧問局は、執行府が憲法問題に対応する役割を担っており、連邦最高裁が先例を扱うのと同じようなやり方で、自分たちの先例を扱う。連邦議会がビル・クリントン大統領を弾劾して辞めさせるかどうかを検討していた時、主な法的根拠となったのはかつてリチャード・ニクソン大統領を弾劾にまで追い込もうとしたという先例であった。私的団体もしばしばコモンローのような先例に基づくアプローチを用いている。何か問題が生じた場合、それらの団体は過去に似たような事例がなかったか、それが今回にもうまく当てはまるかどうかを検討するのである。

このように、司法審査がなかったとしても、コモンロー的立憲主義は想像するに難くない。憲法判断――ある法律が表現の自由のような憲法上の権利を侵害したり、平等を否定したり、不合理な捜索・押収を行ったりしたかどうか――は裁判所ではなく連邦議会議員によって行われることもあり、過去の判断や理解が誠実に適用される。立法府や執行府が（弾劾の事例のように）最終的判断権者である場合、あるいは、裁判所が最終的判断権者である場合であっても民主的代表者が憲法問題に真剣に取り組むべきであると考えている場合、これらの機関はしばしば先例を検討するのである。これは非民主的な方法だといえるだろうか。繰り返しになるが、誤解を恐れずにいえば、憲法自体が非民主的である。コモンロー的アプローチがコモンロー的立憲主義を非民主的なものにしてしまうわけではないのである。

原意主義者によるコモンロー的アプローチが非民主的であるという主張は、手品のような方法に依拠している。一般的な原意主義によれば、原意主義は憲法を制定した人々の意思を実践するがゆえに民主的であるという。

一方、コモンロー的立憲主義は裁判官の意思を反映するがゆえに非民主的であると、原意主義者はいう。しかし、この主張には誤りが多く含まれている。憲法制定者は、ジェファーソンらが指摘していたように、もはや我々自身とはいえず、なぜはるか昔に生きていた人たちの意思に従うことが「民主的」だといえるのか。他にも、原意主義的な裁判官は、昔の人々が予期できなかった問題についてその人々がどのように考えたのかを判断しなければならない――それは裁判官の非民主的な決定となってしまう余地がある。そもそも我々は純粋な民主的システムを持っているわけではない。我々は、裁判所が憲法に基づきながら多数派の横暴を止めるシステムを有している。問題は、裁判所がどのようにそれを実践するかという点である。コモンロー的アプローチはその問題に対する答え――抽象的な内容の意味を明らかにし、我々のシステムが実際に機能するようにする方法――を提示してくれる。

第3章　表現の自由と生ける憲法

アメリカ法の花形ともいえる条文は何といっても憲法の修正一条である。修正五条も有名であるが、それはどちらかといえば悪名高い点で世に知られており、その他の憲法条文は法律家以外の一般人には馴染みがないものばかりである。アメリカの表現の自由のシステム――アメリカにおける表現の自由を守る原理――は様々な点において印象的である。それは一連の具体的な原理であり、政府、メディア、表現の自由の調整を行うその他の機関に対して、明確な指針を提供している。それは歴史的および現代的基準にさらされて特に強固なものとなっている政治的表現や芸術的表現の文化を育むのを促進してきた。

修正一条はアメリカ法において特別な地位を占めてきた。二〇世紀における憲法問題は、そのほとんどが、裁判所が憲法に反すると考える法令を〝積極的に〟違憲とすべきか、それとも他の機関の判断を尊重した上でなお合憲性に疑問が残る法令を合憲とすべきか、という点に関心が寄せられた。（〝司法積極主義〟は多義的な用語――あだ名のような使われ方もする――であるが、それが明らかに示しているのは、その法を制定した連邦議会や州議会に対して疑わしきは罰せずの態度をとることなく、法令を躊躇なく違憲と宣言することを指すということである)。二〇世紀の間、リベラル派と保守派はこの問題に対する立場をコロコロと変えてきた。大雑把にいえば、リベラル派は保守的司法積極主義がビジネスを規制する法令を違憲とする場合には司法の抑制を唱えてきた。一方、保守派はリベラル的司法積極主義が不利な立場にある少数派を不当に扱っていると考えられる法令を違憲とする場合には司法の抑制を主張してきた。ところが、二〇世紀も後半に差し掛かる頃になると、修正一条の問題については、リベラル派と保守派という違いに関係なく、皆こぞって司法積極主義を好意的に捉えるようになっていた。修正一条に対して司法の抑制を唱える見解――一九四〇年代から一九七〇年代にかけては有力な見解であったが――は二〇〇〇年までにほとんど姿を見せなくなったのである。

これらのことを踏まえると、修正一条――すなわち表現の自由を守る原理――はアメリカ憲法における輝かしい成功例になっているといえる。ところで、この成功した原理はどこからきているのだろうか。これらの原理は憲法の条文に由来するわけではない。表現の自由の中心となる原理が法制化されるようになったのは修正一条が憲法に規定されてから一世紀半が過ぎてからであった。ましてや原意からこうした原理が導かれたわけでもない。憲法制定者の表現の自由（それ以外の事項も含め）に関する慧眼と卓越した知見の賜物であるように思えるかもしれないが、修正一条の起草者や批准者の見解は明らかになっていない点が多い。あえて憲法制定者らの見解を理解できるとするのであれば、その結果、かれらは今日のような表現の自由に関する法制度を構築することを考えていなかったということになろう。実際、修正一条を憲法に加えた人たちは今日では許されないような制約も認めていたことを示す証拠がある。

つまり、アメリカの表現の自由のシステムにおける中心的原理は二〇〇年以上前の憲法制定に携わった天才たちがもたらしたわけではないということである。むしろ、生ける、コモンロー的憲法がこれらの原理を産出してきたのである。修正一条の法理の核となる点は、二〇世紀を通して、司法判断や司法以外の機関の実践によって断続的に形成されてきた。アメリカ憲法における表現の自由の法理の展開は先例と発展が織りなしてきたものであり、試行錯誤――それはどのように生ける憲法が機能するかを実践するもの――の成果なのである。

1　修正一条の核心的原理

表現の自由に関する憲法原理は複雑で手の込んだものとなっている。まさにこの複雑さこそが生ける憲法が実践されてきたことを物語っている。なぜなら、修正一条の条文から複雑な原理を読み取ることはできず、修正一条を制定した人たちがあらゆる不測の事態を想定し創設すべき法制度を予期していたと考えるのはあまりに非現実的だからである。それでは、生ける憲法がどのように機能しているかを念頭に置きながら、表現の自由に関する法制度の核となる三つの原理を見てみよう。

・第一の原理は政府を批判する権利を守ることの重要性である。連邦最高裁は、ニューヨークタイムズ対サリバン判決[1]において、〝修正一条の中核〟を明らかにした。すなわち、政府は政府や公務員を批判したという理由で人々を罰してはならない、ということである。二〇世紀後半における修正一条に関する最も有名な三つの事件はこの原理に関わっていた。

一九六四年のニューヨークタイムズ対サリバン判決は、公務員に対する名誉毀損が問題となった事案であり、政府が個人に負わせる損害賠償に制限をかけた。一九六九年のブランデンバーグ対オハイオ判決[2]では、連邦最高裁は、〝有形力を用いた唱道〟であっても「その唱道が直接的に違法な行為を誘導または誘発することに向けられていたり、そのような行為を誘発しようとしたりしている場合でなければ」違法にはならないとした。一九七一年のニューヨークタイムズ対合衆国判決[3]においては、連邦最高裁の多数意見は、政府は新聞社にペンタゴンペーパーズ——ベトナム戦争に関するアメリカ史を塗り替えた機密文書のことで、政府によれば、それは国家および外交の重要機密を明らかにしてしまうものだという——の刊行を禁止する前に、高度な必要性を証明しなければならない（その刊行が「直接、ただちに、回復不可能な損害を国家または人民に確実に与える結果になる」ことの証明）と判示した。

・第二の原理は必ずしもすべての表現が政府を批判する表現と同じ程度の保護を受けるわけではないということである。連邦最高裁は低価値な分類に属する表現は憲法上の保護を受けないか、あるいは弱い保護を受けることになるとした。わいせつ表現、営利表現、虚偽表現、名誉毀損表現、〝喧嘩言葉[4]〟、偽証表現、恐喝表現、脅迫表現、犯罪煽動表現はいずれも無価値または低価値表現の例である。これらの表現は高い価値の表現を規制する場合と比べて規制の必要性の証明が弱くても制限される。

・第三の原理は規制態様に応じた手法のことである。多くの法令は人々の表現能力に影響を与える。日中に都会でデモを行うことを禁止する法令と大統領の批判を制限する法令とは区別する必要があり、その合憲性について異なる判断が必要である。もっとも、実際には、多くの法令は間接的に表現に実質的な影響を与える。たとえば、連邦準備委員会の金利を上げる決定――他の多くの政府の決定もそうだが――は経済をざわつかせ、ぎりぎりの経営でやっている多くの出版業、書店業、雑誌業を廃業に追い込んでしまうことがある。しかし、そうした決定が修正一条に関する重大な問題を惹起するといっても、表現の自由の問題にはなりにくいだろう。そこで裁判所は、表現内容に基づく規制（たとえば、「誰も政府を批判してはならない」）、表現内容に基づくわけではないものの表現を制限する規制（たとえば、通勤時間帯のデモの禁止）、広範囲にわたる活動への〝付随的〟規制（先に挙げた連邦準備委員会の例）を区別して対応してきた。このうち、内容規制は、通常、最も合憲性が疑わしい。もし内容規制が高い価値の表現を制限していれば、それは違憲と推定される。内容に基づかない表現規制は裁判所によって慎重に審査されるが、違憲の推定を受けるほどではない。付随的規制は、たとえそれが表現に対して実質的な影響を及ぼしていたとしても、たいていの場合は合憲となる。

これらはアメリカの表現の自由に関する基本原理である。それでは、これらの原理はいったいどこからきているのだろうか。いくら修正一条の文言を拾い集めてもこれらの原理が出てくるわけではないことは確かである。そもそも、これらの原理を修正一条の文言と整合させることは難しい。端的にいうと、修正一条の条文や原意は現在のアメリカの表現の自由の法制度とは本質的に無関係なのである。その中核は、裁判所、とりわけ連邦最高裁のコモンローによって構築されてきたものである。それはつまり現在進行中の生ける憲法のことである。

2　条文とその問題

修正一条の条文は、一般の人が表現の自由の存在を認識するという点では重要な役割を果たしているものの、実際には重大な問題をはらんでいる。修正一条の主語は「連邦議会」である。これを形式的に捉えると、修正一条は大統領や裁判所が表現を制限することを許容していることになる。もちろん、今日、大統領や裁判所が表現の自由を侵害してもよいとは誰も考えないだろう。しかし、いくら権利章典の条文を見ても、修正一条が連邦議会だけでなく連邦政府全体に適用されるという原理は出てこない。修正二条、修正四条、修正九条は「人民」の権利を規定し、修正五条、修正六条、修正七条は個人の権利について定めている。修正三条と修正八条は特定の政府機関に対して禁止要件を満たさずに一定の行為を行うことを禁止している。修正一条もこれらの規定のような書きぶりで草案を作ることもできたはずである。ところが、そうならなかった。修正一条は連邦議会だけを対象にした。もし条文だけに照準を合わせるのであれば、政府による侵害を防ぐという意味では、表現の自由の保障が相当程度弱まってしまう。

そもそも、建国以来、権利章典自体が連邦のみを対象としてきたので、州には効力を持たないとされてきた。それは修正一条にも同じことがいえるわけであり、おおよそ一〇〇年間にわたり、州は好きなだけ表現の自由を抑圧できたことになる。もちろん、現在では、修正一条の原理は連邦だけでなく州に対しても適用されているが、それは一八六八年に修正一四条が追加され、修正一条やその他の権利章典のほとんどの規定が州にも適用されると解釈されるようになったからである。

第1章でも述べたように、条文や原意からこのような解釈が明らかになるとはいえない。修正一四条の起草者たちが実際にはどのように表現の自由を考えていたのかを示す証拠がある。南北戦争前の多くの奴隷州では奴隷制に反対する表現が弾圧の対象とされており、それは再建期の連邦議会の議員にとって直近の記憶に残る出来事であった。それにもかかわらず、修正一四条の起草者たちは表現の自由の保護を明示的にこの条文に含めることはしなかった。修正一四条は州が「法のデュープロセス」によらず「自由」を奪ったり、「合衆国市民の特権または免除」を侵害したりすることを禁止している。この条文は修正一条を「編入」しうるものといわれる。しかし、文面上、この規定は州の規制から表現の自由を守っているとはいえない。

さらにいえば、修正一条の条文は我々に多くのことを語っているわけではない。ブラック裁判官が述べていたように、修正一条が規定する「法を制定してはならない」はまさしく法を制定してはならないことを意味している。けれども、第1章で述べたように、「法を制定してはならない」に続く文言は「言論の自由を制限する」であり、これらの文言が意味するところは明らかではない。何が制限の対象となるのかは明らかでなく、言論の自由の意味するところも明らかではない。たしかに、我々が今日有しているような修正一条の複雑な原理はそうした文言の解釈によって生み出されたものである。とはいえ、多くの他の原理——ある表現については保護を強め、ある表現については保護を弱めるなど——もまた政府が「言論の自由を制限」してはならないという要求に完全に合致するだろう。

3　煽動と「独立を勝ち取った者」

我々が知っている修正一条の原意につき、憲法制定者らが現在保護されている表現の自由と遜色ないくらい保護しようと考えていたことを示す証拠はない。二〇世紀の間、表現の自由の保護を唱える者は少なくとも修正一条の中心的意味について憲法制定者を活用することがあった。すなわち、政府は政治的敵対者を罰してはならないという意味である。たとえば、二〇世紀における最初の偉大な表現の自由論者であるザカライア・チェイフィー・ジュニア[5]は、修正一条の起草者らが「違法行為を誘発することのない政府批判を罰することを永遠に不可能にする」ことを意図していたと主張した。オリバー・ウェンデル・ホームズ裁判官も一九一九年のエイブラムス対合衆国判決[6]の有名な反対意見でこの見解を提示し、ルイス・ブランダイス裁判官も一九二七年のホウィットニー対カリフォルニア判決[7]の優れた同意意見で「独立を勝ち取った者たち」に言及した。

たとえ修正一条の制定者や批准者らがあらゆる法の変化を予想できていなかったとしても、かれらは少なくとも基本原理を示していたと考えるかもしれない。つまり、修正一条は何よりもまず政府を批判する権利を保障していると考えるわけである。しかし、たとえそれが中心にあったとしても、チェイフィー、ホームズ、ブランダイスはさておき、原意がそうだったかは定かではない。この問題はある意味原意主義固有の問題であるが、一八世紀後半のアメリカの世界を理解しようと努めなければならない。すなわち、当時の人々がどのように世界を見ていたのか、またかれらが諸々の法規定を批准することによって何を実現しようとしていたのかについてである。しかし、どんなに我々が原意を探ろうと努めても、「修正一条の中心的意味」が何であったのかを明らかに示すものを見つけることはできない。ただし、わずかであれば、いくつか示すことはできる。

・憲法制定者が修正一条を批准したとき、かれらは表現の自由の保障よりも、連邦と州の権限配分に関心を払っていた。修正一条に関する全体の議論は主に連邦政府の権限についてであり、憲法が連邦議会に与えた権限は表現の自由や出版の自由を制限することを含んでいなかったことを明らかにすることであった。表現は政府に支配されないという全国レベルの原理を打ち立てた修正一条の理念はこの時代の原意ではなかったのである。

・修正一条に関する限り、修正一条に政府がその批判者を罰してはならないようにするという原意があったかどうかは——注目すべきことに——定かではない。イギリスでは政治的反対者を罰するという荒っぽい伝統があり、それは「文書煽動罪」と呼ばれていた。ジョン・ホルト高等法院長官は一七〇四年に次のように説明した。すなわち、「もし政府に反対する意見を持つ人々に対して責任をとらせるべきでないということになれば、政府は存在できなくなる。人々が政府に対して肯定的な意見を持つことがあらゆる政府にとって必要なのである」と。そのため、たとえ政府について真実を述べたとしても刑罰を科せられることになる。つまり、真実を述べることは政府の安定性を脅かすことであり、刑罰の対象になるのである。

ウィリアム・ブラックストーン——連邦最高裁によれば、彼の業績は憲法制定者たちの世代にとってイギリス法の偉大な権威とされる——は、新聞社に対して新聞刊行前に検閲者の許可を得ることを要求するといったような〝出版に対する事前抑制〟からの自由のみを意味するものとして表現の自由を定義した。ブラックストーンにとって、表現に対する事後的な刑罰については表現の自由や出版の自由の保護の対象にならなかったのである。実際、ブラックストーンは、現在では考えられないようなこの種の規制を熱心に擁護した。すなわち、「危険または攻撃的な文書が出された時に公正かつ公平な審理において有害性を理由に刑罰を科すことは、平和や善良な秩序、政府や宗教の維持にとって必要であり、それこそが市民的自由の基盤となるのである」と述べた。

ある歴史家たちによれば、修正一条はブラックストーンの見解を否定し文書煽動罪を廃止するものとして理解されていたというが、それが本当かどうかは明らかではない。ある意味、これは原意主義が抱える典型的な問題である。それは、憲法制定者の世界と我々の世界の違い、そして憲法制定者の見解を我々の世界に翻訳することの難しさを物語っている。たとえば、修正一条の制定者たちは、反対意見を守る陪審の力について、現代よりもはるかに自信を持っていた。制定者たちは、陪審裁判を受ける権利を守り、反逆罪の定義を狭めること（いずれも憲法典および権利章典によって実現された）で政治的な反対意見を十分保護できると考えていたようである。そうした考えは一八世紀には通用したかもしれないが、現代の感覚からすれば、それだけで十分保護できるとはいえない。二〇〇〇年の経験から得た一つの教訓として、人々が外国政府や国内の暴動によって危険を感じるようになると、陪審員は、社会における様々な見解を反映していても、反対意見の擁護者としてあてにならないことがわかった。そのような変化が判明したとき、我々は原意をどのように理解すればいいだろうか。原意主義は何も答えてくれない。

・もし原意を確定することができるとしても、修正一条は文書煽動罪による訴追が違憲であるとは考えていなかったことになる。州憲法が修正一条に似た内容の規定を定めている州においても文書煽動罪による訴追が行われていた――このことは修正一条の原意がそうした訴追を許容していたことをうかがわせる。また、一七九八年に連邦議会が制定した煽動法――修正一条の制定者の多くが賛成票を投じた――は明らかに反対意見を罰する連邦法であった。煽動法をめぐる議論はきわめて党派的であり、当時の修正一条の意味に関する主張の多くは党派のために行われたものであったので、それを真に受けることはできない。権利章典の起草者の中で象徴的な存在であるジェイムズ・マディソンを含む制定者らは煽動法が修正一条を侵害するとして、同法を強く非難した。しかし、ジョン・アダムズやアレクサンダー・ハミルトンを含む他の憲法制定者らは煽動法を擁護した。そのため、修正一条の制定者たちが現在のような表現の自由のシステムにおける中心的原理を含むものと理解していたかについてはおおいに疑問があるといわざるをえない。

・最後に、政府に対する反対や批判という表現の自由の核心以外の分野に目を向けると、制定者たちが現在では修正一条に違反すると考えられるような表現規制を許容していたことが一層明らかになる。たとえば、修正一条のような州憲法規定を持つ州ですら冒瀆的表現に対する訴追が認められていた。名誉毀損的表現は表現の自由のいかなる原理においても保護の範囲外にあると考えられていた。現在、冒瀆的表現に対する訴追はおよそ考えられず、名誉毀損関連の法はたとえそれが公務員に対する名誉毀損ではない場合であっても多くの憲法上の制約に服している。

4　表現の自由とコモンローアプローチ

アメリカの表現の自由のシステムが具体的な法原理として姿を現し始めたのは、周知の通り、二〇世紀に入ってからのことであった——それは第一次世界大戦終結直後に下された諸々の判決における個別意見によってもたらされた。これらの原理は、そのほとんどが典型的なコモンローの手法で登場した。

これは三つのプロセスから成る。第一に、発展のプロセスである。そうした原理は、試行錯誤を経て、多くの誤りを少しずつ正しながら、五〇年以上かけて発展的に形成されてきた。第二に、そのプロセスを経て、連邦最高裁はその多くを初期の判例に依拠してきた。憲法条文を重く受け止めて解析することはなく、また憲法条文や原意が結論を左右するような判決もなかった。実際、これは原意主義について知っておくべきことであるが、法と原意は本質的にかみ合わない。表現の自由に通底する原理は、原意に起因するものであったにもかかわらず、歴史的記録に重大な関心を払わずに形成されたのである。

第三に、原理の発展は明らかに政策や政治道徳の関心事項――どの修正一条の原理に意味があり、良い結果をもたらすか――となっていた。政策、公正、機能、政治道徳といった事柄――比較的狭い範囲に限定されてはいるが――を考慮するのは当然ながらコモンローの手法に特徴的なものである。我々が今日「まさに修正一条」とみなす原理は条文や原意に基づくものではない。バークの言葉を借りれば、それらは「社会共通の目的として許容されるもの」として受容される「体系」なのである。

5　明白かつ現在の危険

現在のような修正一条の姿に至る過程を考察すると、控えめに言っても、その始まりが明確であったわけではない。一九一九年のシェンク対合衆国判決[8]において、ホームズ裁判官――表現の自由の分野における英雄の一人――は法廷意見を執筆し、表現規制の合憲性を認めた。この事件の被告人であるシェンクは、第一次世界大戦中に、徴兵を非道かつ違憲であるとして、「激しい言葉で」非難する文書を配布した。ホームズ裁判官は、本件表現は戦時中に行われたことと、陪審はその「性質」や「意図」が徴兵を妨害することにあったと認定したことを強調した。

シェンク判決の最も重要な意義は、「こうした事件において問題となるのはその言葉が危機迫るような状況下で使われたか、またその言葉が連邦議会が正当に防ごうとしている実質的害悪を引き起こす明白かつ現在の危険を生ずる性質を帯びているかである」とホームズ裁判官が述べた点である。これはホームズ裁判官が表現規制の合憲性を判断する際に用いた、いわゆる明白かつ現在の危険の基準と呼ばれる審査基準であり、表現の自由の法理の発展——共通の文化になっているともいえる——において重要な役割を果たすようになったものである。「明白かつ現在の危険」というフレーズは修正一条そのものを表す言葉として有名になっている。そのせいか多くの人々はこれが憲法条文に書かれている言葉であると思っている。言い換えれば、修正一条が実際に規定していないにもかかわらず、この言葉は表現の自由の法理の発展においてきわめて重要な存在になっているのである。「明白かつ現在の危険」というフレーズは、憲法条文でも原意でもなく、判決で登場したものであり、それが長期にわたって表現の自由の保護の重要性とその価値を表し続けているのである。これはまさに生ける憲法の実践である。

シェンク判決後、さらに一歩踏み込んだのが、その数か月後に下されたエイブラムス対合衆国判決であった。エイブラムス判決も第一次世界大戦時における表現規制を扱ったもので、連邦最高裁は合憲判断を下したが、この事件ではホームズ裁判官はブランダイス裁判官とともに反対意見の側に回り、表現の自由を擁護した。ホームズ裁判官の反対意見は、明白かつ現在の危険の基準は政府が差し迫った重大な危害をもたらすリスクが高度に予見されることを証明しなければならないとするものであると主張した。すなわち、「我々は好ましくないとされる表現をチェックしようとする試みに対して常に警戒しなければならない。ただし、もしそうした表現が法律の合法的かつ重要な目的に対して差し迫った脅威をもたらし、国を守るために迅速なチェックが求められる場合は別である」と。

この明白かつ現在の危険の基準の理解——この基準には多くのバリエーションがあり時代とともに改良されてきた——は修正一条の法理の中核的原理となった。この基準を適用した場合、表現が危害をもたらすかもしれないという程度では不十分である。表現が危害をもたらす可能性があるという程度でも不十分である。その危害の程度は差し迫ったものであり、深刻なものでなければならない。その後、ペンタゴンペーパーズ判決やブランデンバーグ判決はここまで危害の程度が要求されることを示した。もしアメリカにおける表現の自由のシステムの核心部分を形作った特定の瞬間があるとすれば、それは修正一条を制定した時ではない。それはエイブラムス判決におけるホームズ裁判官の反対意見が示された時であった。

もっとも、実際にはそれが成立した瞬間というのは存在しない。ホームズ裁判官の意見は反対意見にすぎない。つまりそれは法ではない。エイブラムス判決におけるホームズ裁判官の意見に基づく原理が法になったのはその後の判決が半世紀かけて少しずつホームズのアプローチを採用していったからである。そのアプローチは広く文化に共鳴し、有効に機能するようになったといえる。このように、アメリカにおける表現の自由の発展は生ける憲法の特徴であるコモンローモデルに基づいているのである。

表現の自由の発展の第一段階は、ホームズ裁判官とブランダイス裁判官が、連邦最高裁の法廷意見によって繰り返し拒絶され表現規制を合憲とされたにもかかわらず、修正一条に関する自説を提唱し続けた――かれらが考えるところのエイブラムス判決における明白かつ現在の危険の基準――点にある。一九一九年から一九二七年の間の判決はいずれも政府を強く批判する政治的表現――戦争批判の表現、抜本的変革を求める表現、無政府主義や社会主義のいずれか――に関するものであった。連邦最高裁は、政府が害悪をもたらしうる表現であると判断することは合理的であると考えて表現を行った者を罰することを認めた。たとえば、シェンクの表現は、戦争に関する考えを変えるように人々を説得するだけでなく、徴兵の招集がかかった者がそれを拒否するように仕向けるものであるとみなされたのである。

ホームズ裁判官とブランダイス裁判官はこのアプローチがいとも簡単に批判的表現の規制を許してしまうことになると考えた。政府の政策を批判する表現は危害をもたらす性質を帯びることがある。たとえば、ほとんどの政府批判的表現は人々に批判対象となる法令を遵守しないように呼び掛けるものである。批判者の表現が一般に受け入れられにくい内容であった場合、実際には政府に対する批判的表現を止めるために規制するのだが、形式的理由としては潜在的に危害をもたらす性質であることを掲げることで――世論感情に訴えることが可能なので――その表現を規制することが容易になる。その結果、連邦最高裁がこの時期に採用してきたアプローチは刑罰を受けるリスクを考えずに政府を批判することが難しい状況を創出することとなった。ホームズ裁判官とブランダイス裁判官は修正一条をこのように理解することに反対し、後にニューヨークタイムズ対サリバン判決が「修正一条の核心的意味」と呼ぶことになる考え方を提示した。かれらの反対意見は、後の裁判官たちが政治的反対意見を守るという修正一条の法理を形成する際の原材料を提供したのである。しかし、この法理はすぐに形成されたわけではなく、ゆっくりと時間をかけて、エイブラムス判決におけるホームズ裁判官の反対意見が提唱したように、政治的表現は保護されなければならないことが明らかにされていった。

6　保護の始まり

連邦最高裁は一九三一年まで表現の自由の主張をしりぞけてきたが、この年、「政府に反発するためのサイン、シンボル、エンブレム」として赤旗を展示した女性がそれを禁止する州法違反の罪で有罪判決を受けた事件において、その有罪判決を覆した。このストロンバーグ対カリフォルニア判決[9]において、法廷意見は法技術的部分に着目して判断した——法律が漠然としすぎていること——が、しかし、法律または政府を合法的手段によって変えようと主張する人々を罰することはできないという公理を示したのだった。

ストロンバーグ判決は、連邦最高裁が一九三〇年代に下した一連の批判的表現に関する事件の一つである。ただし、連邦最高裁は表現者の主張を認めたものの、それは技術的な理由で主張を認めたにすぎず、ホームズ裁判官やブランダイス裁判官が反対してきたルールを変えようとするものではなく、新しい表現の自由の法理を構築するものではなかった。だが、ストロンバーグ判決がそうであったように、ホームズ裁判官とブランダイス裁判官の見解が徐々に判例法理の中に入り込んでいくようになった。

この時期に見られたもう一つ別の重要なケースが一九三九年のシュナイダー対州判決[10]であり、連邦最高裁は公道でチラシを配ることを禁止した条例を違憲とした。連邦最高裁は初めて正面から表現に対して内容中立的に規制する手法に言及し、この分野において現在にも通用する法理の基礎を固めた。連邦最高裁は内容中立規制と内容規制が異なる問題であることを暗に認めたのである。そして連邦最高裁は注意深く条例の合憲性を審査した。換言すれば、地方自治体の判断に敬譲しないことを意味した。この判断手法に改良を加えたものが、今日の表現内容中立規制に対する連邦最高裁のアプローチなのである。

ちょうどシュナイダー判決の一四年前、ギトロウ対ニューヨーク判決[11]――ホームズ裁判官とブランダイス裁判官が反対意見を執筆した事件の一つ――において、連邦最高裁は「有形力や暴力を用いて政府を転覆することが義務であり、必要であり、妥当である」と唱道することを直接禁止する州法を合憲とした。この判決は危険な表現に対する州の対応に敬譲することの重要性を強調していた。シュナイダー判決における条例はギトロウ判決における法律よりも表現の自由の核心に対する脅威は少なかったといえる。それにもかかわらず、シュナイダー判決は条例の根拠に関する立法の判断にほとんど敬譲しなかったのである。

連邦最高裁がアプローチを変えたことは注目に値する。シュナイダー判決に基づけば、もっと制限が強い事案であっても――たとえ一般に立法府が好きなように表現内容中立規制を制定できたとしても——健全な表現の自由のシステムを維持できるだろう。一方、ギトロウ判決に基づくと、ある意見が社会から拒絶される可能性がある場合や表現規制が公共討論を著しくゆがめてしまう場合であっても、立法府に敬譲することになる。何が連邦最高裁の見解を変えたのだろうか。いうまでもなく、憲法条文は正式に修正されていない。

それはまさに生ける憲法の発展的作用がもたらしたものに他ならない。そしてそれは裁判所の内外において看取することができる。ロシア革命や第一次世界大戦の影響が一九二〇年代に入ってからも続いていた当時、人民や政府は反対者に対して、過敏に反応し、恐怖にとらわれていた。一九三〇年代になると、パニックは弱まっていった。一九三九年のシュナイダー判決は、修正一条の権利を主張した当事者らの一連の勝利——ストロンバーグ判決や他の判決——に続く形でもたらされたものであった。そのため、一九三〇年代の終わりまでに、表現の自由の体系は（バークが用いた言葉でいえば[12]）第一次世界大戦直後とは異なる様相を呈するようになった。表現の自由を主張する側を支持する判決が相次ぐようになり、それが判例の流れとなり、たとえ完全に原理化されていなかったとしても、判例は表現の自由を保護するようになったのである。関連して、連邦最高裁は、表現規制立法が厳格な審査を受けるとするコモンロー的基盤を形成した。ここでは、憲法条文や原意の理解ではなく、先例の流れや動向が法を形成するに至ったのである。

一九四〇年代初頭になると、連邦最高裁は表現の自由を保護するためのピース——ホームズ裁判官やブランダイス裁判官の反対意見、表現の自由の保護に向けた判例動向、ヨーロッパでの出来事によって加速された市民的自由を守ることがきわめて重要であるという認識——を拾い集め、それらを表現の自由が厚く保護される形に整え、今日のような表現の自由の保護の前提を創り上げた。一九四〇年のソーンヒル対アラバマ判決[13]において、連邦最高裁は労働者がピケッティングをする権利を認め、まるでこれまでずっと法として存在してきたかのようにエイブラムス判決のホームズ裁判官の反対意見が示した形の明白かつ現在の危険のテストを示した。すなわち、「議論を行う自由を制限することができるのは、公共討論の市場において競争によって思想の価値を試すことができないような状況の下で実質的な害悪が生じる明白な危険がある場合のみである」としたのである。それに続くキャントウェル対コネティカット判決[14]も、ホームズ裁判官とブランダイス裁判官が提示した形の明白かつ現在の危険の基準が、表現が聴衆と敵対したことを理由に起訴された事件を判断するのに適切な基準であるとした——ただし表現の自由のシステムにおける重要かつ特殊な原理ではある。一九四一年のブリッジ対カリフォルニア判決[15]でも、連邦最高裁は、州裁判所を批判する表現が正義の実現を阻害するという理由で裁判所侮辱による有罪判決が下されたことに対し、それを覆すのに同じ基準を用いた。一九四三年のウェストバージニア州教育委員会対バーネット判決[16]では、連邦最高裁は次のように判示した。すなわち、「意見表明に対する検閲や抑圧は当該表現が［違法行為として］明白かつ現在の危険を生ずる場合のみ合憲となるのは今や当然のこととなっている」と述べたのである。これら四つの法廷意見は四人の別々の裁判官がまったく事案の異なるケースで述べたものである。ホームズ―ブランダイスバージョンの明白かつ現在の危険の基準が修正一条において重要な部分を占めるようになったのである。この部分こそが現在の表現の自由の体系の実質的内容となっている。もっとも、それは一つの憲法判断によって登場したわけではなく、何か新しい修正一条の原意を発見することによって登場したわけでもない。それは様々な判例を通じて形成されたものであり、コモンロー的特徴を有しているのである。

一九四〇年代には他にも表現の自由の法を形成した判決がある。チャプリンスキー対ニューハンプシャー判決[17]において、連邦最高裁は喧嘩言葉――「言葉自体が障害を負わせるかまたはすぐさま平穏を乱すことにつながる」ような言葉を指す――を使った者の有罪を認めた。連邦最高裁はその際に「表現の中には、厳密に定義された上できわめて限られたものではあるが、その表現を制限したり罰したりしても憲法上の問題を惹起しないものがある。こうしたカテゴリーには、みだらでわいせつな表現、冒瀆的表現、名誉毀損的表現、侮辱的表現、そして〝喧嘩〟言葉などが含まれる」と述べた。これは、連邦最高裁が初めて低価値表現と高価値表現を明確に区別し、その表現が低価値表現に含まれない限り高価値表現として保護されるという重要な法理を明らかにしたものである。

この区別は、一見すると疑問の余地もあるが、現代における修正一条の法理の基本的枠組となった。修正一条の条文は高価値表現と低価値表現の区別について何も言及しておらず、裁判所が表現の〝価値〟を評価することには問題があるようにも思える。しかし、高価値表現と低価値表現の区別は修正一条の法理の発展を促進するものであった。いったん連邦最高裁が政治的表現を表現の自由のシステムの中核に据え、政治的表現を手厚く保護するようになると、必ずしもすべての表現が政治的表現と同じレベルで保障されるわけではないことがわかってきた。詐欺的な〝フィッシング〟メールが政治的反対意見と同様の保護に値するとは誰も思わないだろうし、もし連邦最高裁があらゆる表現を同等に扱ってしまったら、最も重要な表現の価値を低下させてしまう結果となろう。

もちろん、この区別はチャプリンスキー判決が示したものと同じようにしなければならないわけではない。チャプリンスキー判決は表現のカテゴリーごとに区別した。言い換えれば、連邦最高裁は個々のケースごとに問題となった特定の表現の価値を評価するという流れで進めていくことを示したといえる。そして連邦最高裁は高価値表現のカテゴリーを設定し、低価値表現をデフォルトにした。さしあたり、チャプリンスキー判決のカテゴリカルアプローチが有力になるかどうかはわからない。ともあれ、連邦最高裁は一九五〇年代初頭にコモンロー的手法でこの問題を解決したのである。

7　マッカーシー時代とブランデンバーグ基準

一九五〇年代、表現の自由の問題は第一次世界大戦の時以上に政治的に物議をかもすようになっていた。その多くは共産党のメンバー、あるいはそのメンバーだったのではないかという容疑に関わる事件であった。最も有名な事件が一九五一年のデニス対合衆国判決である。[18] 連邦最高裁は共産党のリーダーを有形力または暴力による政府転覆唱道の共謀の罪で有罪とした。相対多数意見（法廷意見は形成できなかった）は、明白かつ現在の危険の基準を用いて、重要なのは、「現実に生じうるかどうかはともかく、〝害悪〟の重大性がその危険を防ぐために表現の自由を制限することを正当化するかどうかである」とし、有罪を認めたのである。

このバージョンの明白かつ現在の危険の基準――実質的に費用対効果のようなバランシング――は

害悪が差し迫っていて高度の蓋然性があることを要求するエイブラムス判決のホームズとブランダイスが示した基準の形とは明らかに異なっていた。このデニス基準では、裁判官は予見される害悪のコストが表現に対する制限を「正当化」するかどうかを判断するように求められる。このアプローチはシュナイダー判決などによって覆されたギトロウ判決が示していた立法府への敬譲を求めるものであり、実際、フェリックス・フランクファーター裁判官はその同意意見において明示的に立法府への敬譲を要求していた――ただし連邦最高裁はもはや何十年もこの種の敬譲姿勢をとっていない。

デニス判決後、一九四〇年代に有力になった明白かつ現在の危険の基準は様々な観点から批判を受けることとなった。ある批判はデニス判決を忌まわしい判決とみなし、明白かつ現在の危険の基準を非難した。デニス判決は政府に反対する主張を行ったというだけで罰せられることを許容したと批判されたのである。とりわけ、ヒューゴ・ブラック裁判官とウィリアム・ダグラス裁判官は、明白かつ現在の危険の基準があまりに振れ幅が大きくて赤狩りの波に対抗できなくなっていると指摘した。他にも、明白かつ現在の危険の基準は複雑な問題を単純化してしまうきらいがあると批判された。その批判によれば、明白かつ現在の危険の基準はもともと政府に反対する政治的表現の文脈で用いられたものであり、それ以外の文脈で用いるべきではないという。たとえば、明白かつ現在の危険の基準は労働者のピケッティングに対する規制が問題となるケースには合わないというのである。こうした批判の多くは、デニス判決のように明白かつ現在の危険の基準を費用対効果のような形で用いるアプローチを問題視するものであった。

コモンロー的アプローチからすると、明白かつ現在の危険の基準は、ある部分では魅力的であるものの、デニス判決ではその射程を逸脱してしまい、カードーゾ裁判官がいうところの法の「究極目的」[19]から外れてしまった。このバージョンの明白かつ現在の危険の基準は法の最も重要な目的を実現できないことを露呈させてしまったのである。そのせいか、デニス判決以降、明白かつ現在の危険の基準は影をひそめるようになった。一九五〇年代後半になると、連邦最高裁はデニス判決と明白かつ現在の危険の基準の両方から離れていったのである。たとえば、デニス判決の被告人と同じくスミス法に基づいて被告人が起訴された事件である一九五七年のイェーツ対合衆国判決[20]は、たとえその唱道が政府の「転覆を意図するものであった」としても「抽象的教義の唱道」を禁止しているわけではないとした。つまり、連邦最高裁は、スミス法は「違法行為の煽動に向けられた唱道」だけを禁止していると解釈したのである。

この区別——思想の唱道と行為の唱道——は明白かつ現在の危険の基準と同様、修正一条の条文や原意に由来するものではなく、連邦最高裁がそれを用いることができるようにした生ける憲法に基づくものである。それは高価値表現と低価値表現の区別に連動する。イェーツ判決が示した区別は、思想の唱道は高価値表現であるが、明らかに人々を違法行為に駆り立てる唱道は低価値表現であることを示したものと理解することができよう。

明白かつ現在の基準をめぐる判例法理を大きく進展させたのがブランデンバーグ対オハイオ判決であった。連邦最高裁は、有形力または違法行為の唱道であっても「その唱道がただちに違法行為を煽動したり引き起こしたりすることに向けられたもので、かつそのような行為を引き起こす蓋然性がある場合でなければ」修正一条によって保護されると述べたのである。ブランデンバーグ判決は二〇世紀の法発展における二つの要素が組み合わさったことで登場したといえる。ブランデンバーグ判決は「明白かつ現在の危険」という言葉を用いる代わりに、害悪の近接性と蓋然性を強調したが、それはホームズ裁判官とブランダイス裁判官が提示した形の明白かつ現在の危険の基準に由来するものであった。そしてブランデンバーグテストはこの基準に低価値表現の要素を組み入れた。つまり、政府が表現を規制する場合には、その表現が思想の唱道ではなく「ただちに違法行為を煽動したり引き起こしたりすることに向けられた」ものであることを政府は証明しなければならないとしたのである。

もっとも、ブランデンバーグ判決は、ホームズとブランダイスの提示した基準が修正一条の重要な点を押さえていたものの、そこにはなお不十分なところがあると考えた。このような姿勢は試行錯誤の賜物である。そこでは特にデニス判決が用いた時の問題点を意識していた。コモンローによる実験の結果、明白かつ現在の危険の基準は簡単に費用対効果による比較衡量に成り下がってしまうことが判明した。そこでブランデンバーグ判決は、高価値表現と低価値表現を区別することを重視するチャプリンスキー判決とイェーツ判決の判例法理にホームズとブランダイスの基準を組み合わせた。ブランデンバーグ判決が組み合わせによって創り上げた法理は先例の遺産を活用したものである。先例がその後の事件に適用される際に試されたり改善されたりして発展することはまさにコモンロー的アプローチなのである。

8　ニューヨークタイムズ対サリバン判決とペンタゴンペーパーズ判決

修正一条にはもう一つ別の重要な法理が存在するが、それもまたコモンローモデルに基づく生ける憲法の発展の最終形態が示すものである。ニューヨークタイムズ対サリバン判決は、公務員に対する名誉毀損が認められるためには、名誉毀損的表現が虚偽であるということを証明するか、表現者はそれが虚偽であることを知っていたかまたは虚偽であるかもしれないことをまったく考慮せずに表現したか、を証明しなければならないとしたものである。サリバン判決は原意主義者が乗り越えなければならない判決の一つである。頑固な原意主義者であっても、修正一条が批准された時、それが昔からある私人の誹謗や中傷に対する損害賠償請求訴訟を阻むことになるとは理解されていなかったことを認めなければならない。

サリバン判決におけるブレナン裁判官の法廷意見はこの判断が原意を反映していると述べたわけではない。むしろその逆である。ブレナン裁判官は、「一七九八年の煽動法をめぐる論争が修正一条の中核的意味を最初に意識することとなった」ことに言及した。そしてブレナン裁判官は、煽動法――多くの憲法制定者たちから支持されていた法律――は「裁判所の判例」によって覆されたと述べたのである。

ニューヨークタイムズ対サリバン判決が示した法理はいきなり登場したわけではない。この事件で問題となった表現――南部における市民権運動を暴力的に取り締まる公務員を批判したもの――は政治的表現であった。すでにホームズ裁判官とブランダイス裁判官のアプローチ――その後の判例によって認められていく――は政治的表現が修正一条の中核にあるとするサリバン判決の結論を強く提唱していたのである。サリバン判決は、名誉毀損の法――不法行為関連の法の中で最も古いものの一つであり、歴史的に州が形成してきた――が修正一条によってかなり限定されると判断したので、それは新たな法分野を切り拓くものであった。もっとも、この開拓を行うにあたり、サリバン判決は先例に依拠するアプローチをとった。一九三一年のニア対ミネソタ判決[21]は公務員に対する名誉毀損的表現をすでに保護していた。サリバン判決が依拠したブリッジズ判決もまたホームズ裁判官とブランダイス裁判官が示した基準を参考にしながら修正一条は裁判官に対する痛烈な批判的表現を保護しているとした。サリバン判決は政治的反対意見の保護を厚くするための重要な判断を下したが、それは決して最初の一歩だったわけではない。このようにサリバン判決は、憲法制定者の原意に適うというよりも、コモンローモデルに合致するのである。サリバン判決が下されたことで、その後の判決がそれを踏襲することでコモンローが形成され、それは憲法適合的な名誉毀損の法を構築するに至るのである。

ペンタゴンペーパーズ事件が問題となったニューヨークタイムズ対合衆国判決は、ニューヨークタイムズやワシントンポストがベトナム戦争に関する内部情報を扱った政府文書を新聞に掲載しようとしたことが問題となったものであるが、連邦最高裁は、修正一条は政府が新聞刊行を止めることを禁じていると判断した。多数意見側のほとんどの裁判官は、政府が新聞刊行に対して事前抑制を行おうとしていることを強調し、ブラックストーンの箴言を踏まえながら、事前抑制は表現の自由のシステムにおいて受け入れ難いものであるとした。この部分を見る限りでは、本判決は憲法制定者の意図を考慮しているといえる。

しかし、事前抑制に対する警戒だけではこの判決を理解することができない。ペンタゴンペーパーズ事件の文書は、市民が当時最も物議をかもしていた政治的問題を理解するために必要な重要文書であり、そのことは本判決において重要な意味を持っていた。法廷意見は修正一条が事前抑制を禁止していることを強調したが、新聞を刊行した後であれば新聞の編集者が罰せられてもかまわないと連邦最高裁が考えているとは思えない。さらに、本判決が設定したといえる基準——もしそれが「国または人々に直接、ただちに、回復不可能な損害を確実にもたらす」場合でなければ刊行を事前に止めることはできない——はホームズ―ブランダイス流の明白かつ現在の危険の基準を一層強めたものといえる。つまり、サリバン判決は二〇世紀の修正一条の法の発展における中心的テーマの所産なのである。すなわち、たとえその表現が有害な結果をもたらすかもしれないとしても、政治的問題に関する表現、特に政府の政策に対して重大な疑義を呈する表現を保護することが表現の自由にとって最も重要であるということが示されているのである。この中心的論点は生ける憲法の性格を帯びる発展プロセスから生じたものである。

表現の自由に関するアメリカ法——憲法のサクセスストーリー——は合衆国憲法の条文またはその原意から登場したわけではない。それはまた少数の裁判官だけが実践してきたというわけでもない。それはコモンローの発展によってもたらされたものである。そこでは、原理や基準が試行錯誤され、それが受容されることもあれば、放棄されたり修正されたりすることもあり、経験と実践に照らして、それらが適切であるかどうかを評価されるというプロセスを経て、通時的・断続的に発展してきたものである。修正一条の法は生ける憲法が創り出したものなのである。

第4章　ブラウン対教育委員会判決と生ける憲法の発想（ロー対ウェイド判決）

一九五四年のブラウン対教育委員会判決は公立学校の人種に基づく分離に対して違憲判決を下し、憲法のサクセスストーリーとして語られている。表現の自由に関する判断も物議をかもすことがあったが、ブラウン判決はそれとは比較にならないほど大問題に発展した。多くの南部の州議会は「南部宣言」を発し、ブラウン判決には正当性がないと非難し、各州は同判決を拒絶する権限があると主張した。多くの南部の学校区はブラウン判決に対して「大規模な抵抗」をすることを固く誓ったのだった。

興味深いことに、人種分離政策を非難していた人の中にも、ブラウン判決は行き過ぎた判断だったと考える人たちがいた。ブラウン判決に加わった裁判官の中には、人種分離政策には反対するものの、連邦最高裁がそれを違憲と宣言することが妥当かどうかは別問題であり、どのように対応すべきか悩んでいたことが明らかになっている。また、ハーバート・ウェクスラー教授は、ブラウン判決に取り組んだ市民権推進派の弁護士たちを手助けしていたものの、ブラウン判決は法的な意味で原理化されたものとして正当化できないと述べている。

今日でも、ブラウン判決は完全に受け入れられているわけではない。むしろ、それは崇拝対象《アイコン》となっているといった方が適切かもしれない。法学における通説的見解はブラウン判決の内容を公正と考えている。ブラウン判決の内容に疑義を呈すると異端とみなされてしまうだろう。たとえば、ブラウン判決の内容が公正でないと公言している者が連邦裁判所の裁判官に任命・承認されるとは想定し難い。ただし、ブラウン判決の実質的効果については議論の余地がある。ブラウン判決から一〇年経ってもほとんどの学校は人種統合政策に転換しなかった。一九六四年市民権法によってようやく政府は人種統合を行わない学校区に対する連邦助成を打ち切ることができるようになった。とはいえ、ブラウン判決が公正な判断であったということ自体――実際、多くの人は連邦最高裁が輝いた瞬間と受け止めている――は合衆国憲法を理解する上で欠かせない点となっている。

そのため、どのような憲法論であってもブラウン判決を正当化しなければならない。ところが、原意主義はこの正当化が困難である。先に述べたように、それはブラウン判決を原意によって支持することが難しいというだけではない。公立学校の人種分離政策が許されるかどうかという問題に関する原意は明らかではなく、文書煽動罪の問題についても原意は明らかではなかった。それどころかブラウン判決は明らかに原意に反しているように思える。つまり、修正一四条の原意は公立学校の人種分離政策が許されるかどうかについて何も明らかにしていないだけでなく、公立学校の人種分離政策が続くのを許容していたように思えるのである。修正主義者が別のアプローチを試みようとしているものの、修正一四条については上記の理解がなお一般的である。

当然ながら、原意主義者は、ブラウン判決の影響力を踏まえ、それが間違っていたとは言わない。

その代わりに、原意主義者は、原意を明らかにした後、ブラウン判決を稀な（本来的ではない）例外的ケースとして位置付け、何とかしてブラウン判決が原意と整合するように説明しようと試みる。

前にも述べたように、これは巧妙なやり口で問題をかわそうとするものである。すなわち、修正一四条を正しく理解すれば人種的平等の原理が含まれていると主張し、原意を一般的レベルに変換するのである。もしこのやり方が認められるのであれば、原意主義者は何でも正当化できるようになるが、原意主義者は生ける憲法と違って裁判官の裁量統制をはかろうとするアプローチであるため、その狙いは明らかに失敗することになる。

もっとも、ブラウン判決の正当性をめぐる問題は原意主義だけが抱えているわけではない。そもそもブラウン判決が下された当時、原意主義はあまり注目されていなかった。ブラウン判決の主な課題は先例拘束との関係であった（実際、それは単なる技術的な問題ではなかった）。一八九六年のプレッシー対ファーガソン判決は鉄道に「白人と有色人種の車両を分離することは平等である」という原理を要求するルイジアナ州法を合憲としていた。プレッシー判決は、修正一四条は平等な存在であることだけを要求するものであり、施設等を人種ごとに分けたとしても平等であるという見解に依拠していた。この分離すれども平等の概念は修正一四条が制定された当時は広く受け入れられていた。そのため、ブラウン判決は、プレッシー判決や原意において認められていた〝分離すれども平等〟の原理を覆すだけの法的根拠があるかという課題を抱えていた。

おそらく、ブラウン判決はその正当性に疑義があるとしても道徳的に必要な判決としてみなされるべきであろう。この立場によれば、ブラウン判決はミニクーデターの一種ということになる。だが、私はもっとよい説明ができると考えている。ブラウン判決は条文や原意から導かれたわけではなく、そもそも何かから生み出されたわけではない。

先述したコモンローは先例を神聖不可侵のものと扱っているわけではない。先例は時に覆されることがある。判例変更はきわめて複雑な方法で行われるが、コモンローは少なくとも確立した判例変更のパターンを有している。

ブラウン判決はそのパターンに十分当てはまる。憲法とは条文だけで成り立っているわけではないこと、そして原意によってのみ成り立つわけではないことをいったん理解すれば――つまりコモンローのように進化する生ける憲法であることを理解すれば――ブラウン判決の正当性について疑いを持たなくなるはずである。

1　裁判におけるコモンローの革命――マクファーソン対ビュイックモーター社判決

ブラウン判決が伝統的なコモンローのパターンに当てはまることを理解するためにまず必要なのはコモンローがどのように登場するのかを知ること、すなわち、最も有名なコモンロー革命の例を知ることである。一九一六年のマクファーソン対ビュイックモーター社判決[1]におけるベンジャミン・カードーゾ裁判官の意見である。後に連邦最高裁裁判官となるカードーゾ裁判官はおそらく二〇世紀の中で最も有名なコモンロー裁判官である。マクファーソン判決は彼が意見を書いた中でも有名なものであり、コモンロー的教義の古典となっている。もちろんこの意見に対する批判もあるが、それはしばしば最も洗練されたコモンローによる理由付けを表したものと位置付けられている。

マクファーソン判決は今でいうところの製造物責任に関する事件であるが、当時、消費者が欠陥商品によって生じた損害について製造者を訴えることができるかどうかは明らかでなかった。ビュイックモーター社は過失により車輪に欠陥のある自動車を製造し、その欠陥のせいでマクファーソンは怪我を負った。マクファーソンはその損害に対する損害賠償請求ができるかどうかが争点となった。

このケースを難しくしているのは、製造者であるビュイックモーター社と消費者であるマクファーソンの間には直接の取引がなかった――契約がなかった――という点であった。ビュイックモーター社はディーラーに自動車を売り、ディーラーがマクファーソンに自動車を売ったのだった。

当時、このような事件において一般的に妥当するコモンロー上のルールはいわゆる契約関係[2]の法理であった。それによれば、たとえ欠陥が製造業者の不注意によるものであっても、製造業者は契約を締結しなかった者に対して責任を負わないことになる。そうなると、ほとんどの製品は卸売業者や小売業者を通して販売されるので、製造業者は消費者に対して責任を負わないことになる。

契約関係の法理はイギリスにおける一八四二年のウィンターボトム対ライト判決[3]に由来する。契約関係の法理はニューヨーク州においても一八五二年のトーマス対ウィンチェスター判決[4]において採用された。奇しくも同時期に、ニューヨーク州と他の州は「本質的に危険」な物に対する例外を認めるに至った。たとえ契約関係になかったとしても、消費者は本質的に危険な物によって生じた損害について製造業者に損害賠償を請求することができるようになった。トーマス対ウィンチェスター判決自体は物に関する事件──「薬」のラベルが貼ってある瓶に実際には毒物が入っており、それを薬剤師が消費者に販売した事件──であるが、契約関係の法理に関係なく、この事件の原告であるトーマスが勝利したのである。

その後、約半世紀の間、ニューヨーク州の裁判所は、もし問題となった製品が本質的に危険でない限り製品に関する責任問題については契約関係の法理が妥当するという枠組に基づいて判断した。各事件では特定の欠陥製品が本質的に危険であったかどうかが争点となったのである。一八七〇年、ニューヨーク州最高裁は機械の弾み車が本質的に危険な物とはいえないと判断した。州最高裁いわく、「毒は危険な物である。火薬も同様に危険である。魚雷もまた、スプリングガンや装弾されたライフル、その他同じような類の物と同じように危険な物である」。しかし、弾み車は、「通常の荷馬車の車輪、車軸、はたまた我々が普段使用している椅子と同様に」本質的に危険とはいえず、契約関係の法理が適用され、その被害を受けた者は製造業者に対して損害賠償を求めることができない。数年後、州最高裁は蒸気釜もまた本質的に危険な物とはいえないとした。[5]

もっとも、その後約三〇年間にわたって、ニューヨーク州の裁判所は本質的危険物に当たるとする判断を立て続けに下していった。建築現場の足場、欠陥建築物、エレベーター、重い物を持ち上げるためのロープが本質的危険物に当たると判断された。一九〇八年、ニューヨーク州最高裁は〝曝気《ばっき》水〟のボトルが本質的に危険であるとした。その翌年にも、同最高裁は巨大な珈琲壺が本質的に危険であるとした。[6]

これらすべての事件について、ニューヨーク州の裁判所は先ほどの枠組を用いた。すなわち、その製品が本質的に危険な物でなければ、原告は契約関係にあることを証明しなければならない、という枠組である。原告が勝ち続けた事件において、後続の判決が先例に疑問を呈したことはなかった。後続の判決は次々とその製品が「本質的に危険」という確立した例外ルールに該当すると判断していったのである。

こうした中、カードーゾ裁判官が所属する裁判所に上がってきたのがマクファーソン事件であった。マクファーソン事件は、先述した通り、自動車の車輪に欠陥があったことが問題となったものであり、原告と自動車の製造業者の間には契約関係がなかった。本件でも自動車が本質的に危険な物であったかどうかが争点になった。マクファーソンの弁護士は、自動車は本質的に危険な物であり、契約関係の法理の例外に当たるとと主張した。これに対して会社側の弁護士は、自動車は契約関係の法理の例外に当たらず、契約関係の法理は本件にも適用され、会社は責任を負わないと主張した。

カードーゾ裁判官の筆による多数意見は契約関係の法理を丸ごと葬り去った。裁判所は、本質的危険物の例外を伴う契約関係の法理を用いる代わりに、欠陥製品の製造業者はその欠陥によって損害を被ると予見される者全員に対して責任を負うと判示したのである。他の多くの州もマクファーソン判決に従い、契約関係の法理を捨て去り、消費者が欠陥と予見可能性を証明できれば、消費者は製造業者から損害賠償を得ることができるとした。

この要件の詳細は必ずしも重要ではない。ここではカードーゾ裁判官の登場以来、この分野の法が変化したことに目を向けなければならない。すなわち、多くの裁判官がこれまでしてきたこと——製品が本質的危険物に該当するかどうかを判断すること——を拒否し、契約関係の法理全体を葬り去るというカードーゾ裁判官の決断についての正当化が重要なのである。

カードーゾ裁判官は慎重に考えた末、契約関係の法理が政策的に妥当でないという結論に達した。カードーゾ裁判官はこのアプローチが法的要因のみによって直接的に要請されるとは考えておらず、彼の裁判外活動に関する文書によれば（第２章で引用した一節のように）、裁判官は時に政策問題として意味があることを検討しなければならないと明言していた。もっとも、マクファーソン判決をコモンローによる理由付けの模範に仕立て上げたのは、政策的判断を行ったからではなく、先例が示した教訓――特に二つの教訓――であった。

一つ目の教訓は、先例は実際には契約関係の法理がもはや機能していないと考えていたことである。かつては本質的危険物と日常生活で使われる物（古いイギリスの言い方をすれば）とを区別することが可能であった。しかし、マクファーソン判決が下された時にはすでにその区別が困難になっていた。多くの物がその両方の性格を有するようになっていたからである。裁判所は、蒸気釜は本質的危険物ではないが珈琲壺や曝気水のボトルは本質的危険物に当たるとしていた。マクファーソン判決では自動車をどちらに分類するかが問題となった。しかし、この問題に答えるのは難しい。なぜならこの区分法が機能不全に陥っていたからである。蒸気釜は曝気水のボトルよりも危険ではないとしてきた枠組はもはや使えない代物になっていた。カードーゾ裁判官の判断は、契約関係の法理の放棄が自身の政策的見解のみならず何十年にもわたってこの区分法がもはや機能しないとされてきた経験に裏打ちされていたのである。

二つ目の教訓は、裁判所は契約関係の法理を適用するつもりでいたものの――裁判所は可能な限り契約関係の法理を適用していたと一般に考えられている——おそらく無自覚のうちに新しいルールに引き付けられていたという点である。だからこそカードーゾ裁判官は、その大部分において、先例が述べた意見がどのようなものであっても、判決結果は製造業者が過失によって生じた予見可能な損害について責任があるという原理に適っていたと主張することができた。たとえ先例の理由付けが契約関係の法理と本質的危険の例外法理に基づくものだったとしても、そのようにいうことができたのである。特に、比較的最近のケース——建築現場の足場、珈琲壺、曝気水など——は、もし裁判所が適用しようとしたのが「本質的危険」の例外法理よりもむしろ予見可能性の法理であるとみなせるとすれば、その典型例ということができる。

そのため、カードーゾ裁判官は自らの最終的結論——契約関係の法理よりも単純な予見可能性の法理を用いるべきという結論——が政策的に妥当であるだけでなく何十年にも及ぶ先例の積み重ねによって暗に支持されたものであると主張することができた。先例は契約関係の法理とそれに伴う本質的危険の法理を踏襲してきたというが、実際には契約関係の法理が機能せず、おそらく裁判所自身が無意識のうちに単純な予見可能性の法理に移行していったといえる。規範的理由付けと過去の教訓を合わせることが——いずれも不可欠のものであるが——マクファーソン判決をコモンローの模範たらしめることになる。契約関係の法理を放棄して予見可能性の法理を採用すべきであるという結論は何もカードーゾ裁判官だけが主張してきたわけではない。他の裁判官らは法におけるそうした発展を認識していなかったとしても、それはかれらが数十年を経て至った結論でもあるのである。カードーゾ裁判官の判断は、紆余曲折を経ながらようやくたどり着いたその結論を完全に明らかにしたものなのである。

2　ブラウン判決とコモンロー的判例変更

いったん我々の憲法がコモンロー的な意味の生ける憲法だとわかれば、ブラウン判決を不可解な判決とみなしたり結果的にうまくいったにすぎない公正さに欠ける判断とみなしたりする必要がなくなる。つまり、ブラウン判決はコモンロー的方法に基づいてたどり着いた判断として正当化できるのである。ブラウン判決に至るまでの判例――マクファーソン判決に至るまでの一連の判決群と似たような発展――は「分離すれども平等」原理を不安定な状態にしていた。ブラウン判決は単独で登場したわけではなく、発展的なコモンロー的プロセスによる先駆的事業を完成させたのである。

一八九六年のプレッシー判決は電車において分離すれども平等を要求する州法を合憲とした。もっとも、これまでの一般的理解と異なり、南部における厳格な分離の根は浅いものであった。分離を要求するジム・クロー法は奴隷制の廃止後にシステマティックに制度化されていったのではなく、むしろ一九世紀後半になって南部に広がるようになったのである。これは一九五七年に刊行されたC・ヴァン・ウッドワードの『ジム・クローの奇妙な歴史』[7]が指摘していたことであり、連邦最高裁も利用可能な調査に基づいている。だからこそブラウン判決は一八九六年に初めて「分離すれども平等」が連邦最高裁に登場したと述べていたのである。これはコモンロー的アプローチに関係する。分離すれども平等は分離主義者が主張するような確立した伝統に基づくものではなかったのであり、バーク的側面はそれに応じて弱まる結果となった。

プレッシー判決が下されてから二〇年の間、連邦最高裁は分離すれども平等の原理が正当なものかどうかを考慮することなく、教育に関する二つの事件においてその原理を適用した。実はその時、連邦最高裁は分離すれども平等を終わらせるためのコモンローの種を蒔いていた。その一つである一九一四年のマッカード対アチソン・トペカ&サンタフェ鉄道判決[8]では鉄道施設に分離すれども平等を要求するオクラホマ州法の合憲性が争われた。この州法は、鉄道会社に対して、黒人専用車両を設けていなくても、白人専用の寝台車両、食堂車両、特別車両を設けることができるとしていた。オクラホマ州は、それを正当化する理由として、黒人にはそもそもこれらの車両の需要がないことを挙げていた。だが、連邦最高裁は州側の主張を認めず、この法律を違憲と判断した。

州側の主張はまさに分離すれども平等を誠実に実施したことを物語っていた。すなわち、白人と黒人のうち、一方は施設利用を望んだが、もう一方はその利用を望む者がほとんどいなかったという主張である。現代に当てはめて類推すると、女性従業員が少ないオフィスの階には女性用トイレを設けないというようなケースである。

もっとも、連邦最高裁はこの主張をしりぞけ、当該州法はアフリカ系アメリカ人を平等に扱っていないとした。連邦最高裁は、「法の下の平等によって保護される個人が、もし旅の途中で施設や設備の利用を拒否された場合、他の旅行者であれば同じ状況下でそれらを利用できる時、憲法上の特権が侵害されたと主張することができる」と述べたのである。州側の主張は理論的にはもっともらしいことを述べていたにもかかわらず、連邦最高裁は分離すれども平等の原理を分離主義的に解釈することを回避した。明らかに、連邦最高裁は分離すれども平等の原理の分離主義的論理構造を縮小したのである。

その三年後のブキャナン対ワーレイ判決[9]も同じような判断を下した。ブキャナン判決は、白人に対して多数の黒人居住者が住む地域に居住することを禁止し、その逆のパターンも禁止する法律を違憲とした。連邦最高裁の理由付けは、販売者が自己の財産を好きなように処分する権利を強調するものであった。

この判決はマッカード判決以上に分離すれども平等の原理と整合しにくい。この事件で問題となった居住規制の法律は分離すれども平等を求めるものであった。プレッシー判決では電車の車両によって黒人と白人を分けることが問題となったが、この事件では居住地区を分けることが問題となった。もし州が経済的取引について分離すれども平等の原理を要求することができるのであれば――鉄道の切符の購入のように――不動産販売における同種の規制も認められることになるのではないだろうか。まさに州側は法律を正当化するためにそのような主張を行ったが、連邦最高裁はそれについて答えなかった。ところが、ブキャナン判決は、わずかではあるものの、プレッシー判決や分離すれども平等の原理を弱めたものとみなされている。

二〇年後、全米黒人地位向上協会（ＮＡＡＣＰ）[10]がジム・クロー法に反対する法的運動を始めた後、マッカード判決やブキャナン判決において蒔かれた種が結実し始めた。ゲインズ対カナダ判決[11]において、アフリカ系アメリカ人が白人しか在籍していないミズーリ大学ロースクールへの入学を拒否された。ミズーリ州は黒人用の州立大学であるリンカーン大学を設けていたが、そこにはロースクールがなかった。そのため、ミズーリ州法は、州の職員が黒人に隣の州のロースクールに通えるように調整しその授業料を支払うことができる制度を設けていた。

連邦最高裁はこのバウチャー制度[12]が分離すれども平等の原理の要件を満たしていないとした。ミズーリ州は、州外のロースクールに通える機会を学生に与えることでミズーリ州内でロースクールに通うことと同じ利益を確保していると主張した。連邦最高裁はこの点についてのみ判断した。すなわち、州外のロースクールに通わせることで平等が確保されているという主張は受け入れられないとしたのである。連邦最高裁は、「重要なのは、他の州が提供する機会を得られるかどうか、あるいはそれらがミズーリ州の提供するものと同等の利益となっているかどうかではなく、ミズーリ州が白人の学生にはその機会を提供し、黒人の学生には人種を理由にそれを提供していないことである」と述べた。連邦最高裁は、黒人の学生が白人でないからといって法学教育を受けるために州を離れなければならないのは平等保護を否定しているとしたのである。連邦最高裁は、先のマッカード判決を参照しつつ、ミズーリ州のアフリカ系アメリカ人で法学教育を受けようとする者はほとんどいないというミズーリ州の主張をしりぞけた。

一九一四年のマッカード判決から一九三八年のゲインズ判決、そしてゲインズ判決からブラウン判決に続く流れは一つの線でつながっている。理論上は、ゲインズ判決後も黒人専用のロースクールを設立すれば、州は連邦最高裁の憲法判断の要件を満たすことができるはずだった。もっとも、ロースクール志望の黒人は少なかったので、この方法は非現実的であった。つまり、ほとんどの州では分離すれども平等の原理に基づいてロースクールを運営していくことが経済的に困難だったのである。だが、マッカード判決とゲインズ判決は現実的可能性は関係ないというスタンスを示していた。そうなると、分離すれども平等を続けようとする州にはいかなる選択肢が残されているといえるだろうか。現実的に考えれば、ゲインズ判決――分離すれども平等の原理に対して疑義を呈しているわけではないものの――以降は白人と黒人が同じロースクールに通えるようにする以外の選択肢は残されていなかったのである。

ゲインズ判決の別の意義――州外のロースクールに通わせることでミズーリ州のロースクールに通うことと同じ利益を確保できるというミズーリ州側の主張を考慮しなかったこと――はかなりの程度分離すれども平等の原理を弱らせたことである。かかる判断を下すことで、連邦最高裁は、州が実体面で教育機会の平等をはかる――ミズーリ州がまさに主張したこと――だけでは不十分であることを示したといえる。バウチャー制度を使えば、事件の原告であるゲインズはミズーリ州で得られる利益と同等の利益を得られるはずだった。しかし、連邦最高裁はそれだけでは分離すれども平等の原理の要件を満たないとしたのである。そのため、州はもっと別の方法で黒人と白人を同等に取り扱わなければならなくなった。ゲインズ判決は、このような要請――実体的利益を確保する平等だけでは不十分だということ――を示した象徴的ケースであった。この原理は最終的には分離すれども平等を葬り去ることになった。

ゲインズ判決から一〇年経つと、連邦最高裁はもはや分離すれども平等の原理を満たしているかどうかを判断しなくなった。連邦最高裁は陪審選任手続における人種差別を無効とし、黒人は政党の予備選挙において投票を妨げられないとし、州間をまたぐ交通において分離を要求する州法は連邦議会の憲法上の権限である州際通商権限（それは黙示的に時折州の権限を否定する）を侵害するとした。一九四八年のシェリー対クレーマー判決[13]は憲法が財産所有の契約に関する人種差別的制限を禁じているとする重要な判断を下した。また、一九四八年のシピュエル対オクラホマ大学理事会判決[14]は、オクラホマ大学ロースクールがアフリカ系アメリカ人を黒人であるからという理由で排除することは憲法の平等保護条項を侵害するとした。そして連邦最高裁はこの判断はゲインズ判決によって導かれるものであるとした。

その二年後、連邦最高裁はゲインズ判決が残していた分離すれども平等の原理を完全に葬り去った。スウェット対ペインター判決[15]において、連邦最高裁はテキサス州が黒人のために設立したロースクールがテキサス大学ロースクールと同等ではないとしたのである。連邦最高裁は二つのロースクールの間には実体的な不平等があり、「客観的に測ることは難しいがロースクールを優れたものにしている質」がきわめて重要であるとした。新たに設立された大学はそうした点においてテキサス大学と同等とはいえない可能性があるとしたのである。

スウェット判決と同日に下されたマクローリン対オクラホマ州理事会判決[16]はさらに一歩進んだ判断を下した。というのも、実体的要素を中心に判断するようになったからである。マクローリン判決は、アフリカ系アメリカ人であるジョージ・マクローリンが全員白人の大学院への入学を認められたものの、授業では決められた席に、カフェテリアでは一人で、図書館でも特別に用意されたテーブルの席に座るように要求されたことが分離すれども平等の原理の要件を満たさないとした。連邦最高裁は、これらの条件はマクローリンの「勉強する能力、他の学生と議論したり意見交換をしたりする能力、その他一般に専門性を身に着ける能力を阻害する」としたのである。

プレッシー判決は分離すれども平等を合憲とし、形式的にはブラウン判決まで維持された。それでは、ブラウン事件が連邦最高裁に上がってきた時の法的状況はどのようなものだっただろうか。そこでは、ある種の流れが存在していたといえる。そもそも連邦最高裁がある分離制度について分離すれども平等の原理を満たすとみなしてから数十年経過していた。その後次々と事件を判断する中で、連邦最高裁は分離された施設は平等ではないと判断するようになったのである。

これについては、ある州が分離すれども平等の原理を利用したいと考えていて、それを大学に適用する場合に、利用可能な選択は何か――いや、むしろ利用できない選択は何か――を考えてみると、興味深い状況が浮かびあがる。マッカード判決後、州は需要が少ないことを理由にアフリカ系アメリカ人の学校を設立することを拒否できなくなったといえる。ゲインズ判決後、州は黒人の生徒に対して別の州の学校――たとえその州の学校が同等のレベルであっても――に通うためのバウチャーを与えても平等の責務を果たしているとはいえなくなった。スウェット判決後、州は、黒人専用の大学院を設立しても、たとえその大学院が物理的に同等であっても既存の白人専用の大学院と完全に同等とはいえないので、分離すれども平等の原理を満たすことができなくなった。マクローリン判決後、州は白人しかいない大学院に入ったアフリカ系アメリカ人をその大学院の中で分離的に扱うことができなくなった。そうなると、分離すれども平等の原理に基づいて実践できることが何かあるのだろうか。

当時の研究者は先例の積み重ねによって分離すれども平等の原理が風前の灯になっていることに気

づいていた。スウェット判決における原告側の弁護士たちはこれまでの先例がプレッシー判決をほぼ致命的に弱らせてきたと主張していた。スウェット判決やマクローリン判決の後、ニューリパブリック紙は分離政策が「無力な状態になっている」と評した。また、いくつかの南部の法学雑誌は先例の積み重ねによって分離政策が終わりを告げたと論じた。当然のことながら、ブラウン判決の弁論書もスウェット判決やマクローリン判決の意義を強調した。ブラウン判決の法廷意見は物理的要素に限られないところの違いを強調したこの二つの判決の一節を引用することで、分離が本質的に不平等であるという結論を補強した。ブラウン判決は、「小中高の子供たちに対してはこの問題について一層配慮しなければならない」と述べた[17]。ブラウン判決はまた心理学の研究を引用し、それがおおいに注目された。ただし、そうした研究以上に重要な役割を果たしたのは先例だった。

ところが、当時、ブラウン判決はコモンロー的発展によってもたらされたものとみなされていなかった。裁判官たちですらブラウン判決をそのようにみなしていなかった。ブラウン判決はそれまでの先例よりもずっと物議をかもした事件だったからである。ブラウン判決は高等教育ではなく初等中等教育レベルの問題であったことや象徴的意味合いを持っていた分離すれども平等を明確に否定するなど、大きな変更を行った。しかし、ブラウン判決の正当化の問題――南部および国に与えた象徴的またば政治的影響とは反対に――を考えると、ブラウン判決はあくまでコモンロー的アプローチに依拠していたのである。

とりわけ、ブラウン判決はマクファーソン判決と同一線上にあるといえる。基盤となる法理――本質的危険物についての例外を認める契約関係の法理と分離すれども平等――は確立した法であった。

しばらくの間、それは一貫性を保つ形で適用された。しかし、その後、一貫性は崩れ始めた。建築現場の足場や珈琲壺に関するニューヨーク州の判決は、古いルールの下では意味があったかもしれないものの、本質的危険物ではない製品についてはどのように対応すればいいのかという疑問を提起したのと同様に、州の対応は不平等であるとしたマッカード判決、ブキャナン判決、ゲインズ判決は平等とは何かという問題を提起した。いずれの場合においてもそれが向かおうとする方向性は明らかである。ブラウン判決とマクファーソン判決においても、裁判所は、実際には先例がたどり着いていたものの目に見える形では認識されていなかった結論を単に明らかにしただけであるといったようなものである。言い換えれば、本質的危険物と特定できるような物は存在せず、分離すれども平等といえるような施設は存在しなかったということである。

マクファーソン判決同様、ブラウン判決も先例が直接的にその内容を提示してきたわけではない。しかし、ブラウン判決は、古い法理からの正式な脱却がすべてをひっくり返すというような乱暴なものではなくむしろコモンロー的発展の最終段階であることを示すために先例に依拠したのだった。こうした過程は分離の道徳性に関する見解に影響されていた。それが適切であったことに疑いはない。なぜなら、そうした見解——コモンロー的プロセスに合致する——は過去の教訓によって支えられていたからである。当初、連邦最高裁は分離すれども平等を適用しようと試みたものの、特別な分離施設を設けることは平等ではないという結論に至っていた。ゆえに、ブラウン判決は、分離は決して平等にはならないという結論を示すことでそれまでの歩みを大きく一歩進めたのである。それは一九世紀の政治家たちの見解についての解釈ではなく、生ける憲法を発展させるという裁判所の責務——適切な自制に基づくコモンローによるもの——だったのである。

3　ロー対ウェイド判決

一九七三年のロー対ウェイド判決はこの半世紀の判例の中でブラウン判決と同じくらいよく知られている判決であり、中絶の権利を認めたものである。しかしながら、ブラウン判決と異なり、ロー判決は広く受け入れられているとはいえない。いや、むしろ反発が強い。一九八〇年代後半、ロー判決はかろうじて覆されずに済んでいるが、多くの人々がまだそれを非難している。中絶賛成派の論者の中にすら、ロー判決が誤っていたと考える者がいる。かれらは、中絶は立法府によって合法化されるべきであり、司法判断によって合法化されるべきではないというのである。また、連邦最高裁は中絶の権利を守るための役割を担うべきと考える者であっても、ロー判決は行き過ぎであり、性急すぎたと批判することがある。

もっとも、ロー判決の意義がいかなるものであれ、この判決によって憲法解釈をめぐる議論に暗雲が立ち込めることとなった。不運なことに、ロー判決への反発が契機となって、一九七〇年代以降に多くの新しい原意主義が登場して生ける憲法論を攻撃し始めたからである。だが、もしロー判決が間違っていても、それはロー判決が原意に即していなかったからというわけではない。そもそもブラウン判決、一連の〝一人一票〟をめぐる判決、男女平等を推進する判決、ニューヨークタイムズ対サリバン判決、その他多くの判決も原意に合致するかどうかはほとんど関係なかった。ところが、ロー判決が繰り返し攻撃を受けながらも（修正されてはいるものの）生き残っていることに対して、ロー判決を覆すべきだと批判する者らはその主張を先例に対する攻撃と重ね合わせてきた。そうした攻撃は短絡的である。というのも、我々の憲法システムは先例に根差しているからである。

ゆえにロー判決に関する議論は生ける憲法の枠組の中で行うべきである。コモンロー的なアメリカ憲法が生きていると考えるからといってロー判決を支持することを約束するわけではない。だが、それはロー判決の論点を明らかにし、それをめぐる議論に光明を与えることができる。

ロー判決は修正一四条のデュープロセス条項から中絶の権利を導き出した。デュープロセス条項は、州は「何人からも法の適正な手続によらずに生命、自由または財産を奪ってはならない」と定めている。ここである疑問が浮かぶ。デュープロセス条項の文言は政府が人々に対して何か要求する場合は適正手続（デュープロセス）に基づかなければならないことを求めている。つまり、この条文は中絶の権利などのような実体的権利を保障したものとはいえないようにみえる。そこでロー判決に対する批判はこの問題を大きく取り上げた。憲法は生殖に関する自己決定権を保障しているわけではないというのである。そして連邦最高裁は勝手に権利を創り上げてしまい、国全体にそれを押し付けたというのだった。

しかし、この批判はいささか単純にすぎる。文言上の問題があるにもかかわらず、デュープロセス条項は何年にもわたって一定の個人の権利――そのほとんどは権利章典に含まれていたものであるが――を保障するものとして解釈されてきた。デュープロセス条項の活用については複雑な経緯があるが、文言だけを理由に――憲法条文の中に〝中絶〟という文言が見当たらないことを理由に――ロー判決を攻撃することはこれまでの憲法の展開をあまりに無視したものといわざるをえない。

実際、こうした単純なロー判決への批判はそもそもこの判決の何が最も問題なのか――憲法問題と人々の感情的なロー判決に対する拒絶の問題の両方において――を不明瞭なものにしてしまった。ある個人が憲法上の権利を主張する事件においてよくみられるように、ロー判決においても検討すべき二つの問題がある。一つはその権利が存在するかどうかという問題であり、もう一つは州がその権利の制約を十分に正当化しているかどうかという問題である。ロー判決に対する単純な批判はこのうちの一つ目の問題に関わるものである。すなわち、憲法は女性に子供を持つかどうかを決める権利を与えているかという問題である。しかし、ロー判決が抱える問題のうち、よりやっかいなのは二つ目の問題である。すなわち、胎児の生命を守るという州の利益は中絶の権利を制約できるほど重要なものかという問題である。

先例に基づきながら理に適った展開をしてきたコモンローの判例は女性の子供を持つ権利を形成してきた。その権利は二つの確立した法的伝統が絡み合ったものである。その一つは、人々の身体的インテグリティ[18]に関する権利である。何世紀にもわたって、本人の同意なくその人の身体に触れることは違法――民事上の不法行為かつ犯罪――となる一般的ルールが存在してきた。もう一つの伝統は家族形成についての自己決定権――一定の例外を除いて法が長く認めてきた権利――である。これら二つの伝統は古くからあるアメリカ法に由来する。この間、それらが憲法原理として存在してきたわけではないものの、コモンロー的アプローチの下、長期にわたる伝統が憲法上の権利を確立する正当性を支えているのである。

具体例を挙げると、政府は本人の意思に反してその人に対して医療実験を行い、個人の身体的インテグリティを侵害してはならないとする連邦最高裁の判断についてはあまり異論がない。同様に、ある法律が出産適齢期を迎えた女性は妊娠しなければならないと要求した場合、仮に肉体的にはそれが可能だとしても、ほとんどの人がその合憲性はきわめて疑わしいと思うだろう。しかし、そのような法律は許されないとする憲法上の文言を見つけるのは難しい。それらが違憲とされる――ほぼ確実に違憲になると思われる――のは、身体的インテグリティや家族の自律性を守るという確立した法的伝統があるからである。ロー判決において認められた権利の存在を支えているのはこれと同じ伝統である。ロー判決の前後を含め、連邦最高裁は、中絶以外の様々な文脈において、アメリカ人は身体的インテグリティや家族の自律性に関する憲法上の権利を有すると判断してきたのである。

ただし、それは絶対的な権利ではない。ロー判決は胎児の生命に関する州の利益が身体的インテグリティや家族の自律性に関する女性の権利を乗り越えるという主張をしりぞけたので、やっかいな問題を抱えることになった。もっとも、連邦最高裁の判断を擁護する議論がないわけではない。胎児の生命についてはある種宗教的色彩を帯びた甚深な意見の不一致があり、女性の権利については中絶規制が歴史的に不利な立場に置かれてきた女性に対して強い負担を強いるという事実があることを強調して擁護する方法がある。しかし、この認識が完全に正しく、ロー判決はブラウン判決と同等――憲法秩序における確固たる地位――に扱われるべきであると主張しても、それが正面からロー判決を擁護することになるとは思えない。

今日、ロー判決をめぐる議論はその妥当性よりも先例としての地位に関心が移っている。ここでも、憲法に対するコモンロー的アプローチは安易に答えを提示するようなことはしない――むしろそうあるべきである。なぜなら中絶問題はそう簡単に答えが出るものではないからである――むしろ争点を明らかにする。ロー判決は、裁判所の内外で、繰り返し攻撃されてきた。連邦最高裁の何人かの裁判官はそれを覆すように求めてきた。連邦最高裁はロー判決の射程をいくらか狭めたものの、ロー判決自体を覆そうとする動きに抵抗してきた。コモンロー的アプローチはこの歴史的展開をどのように受け止めるべきだろうか。

思うに、ロー判決は、議論の余地がないほど安定しているわけではないが、判決が下された当時と比べるとより確実に法の一部になっているとみなされるべきである。連邦最高裁裁判官のメンバーが変わる中で、先例が繰り返し吟味され認容されてきた場合、その先例の正しさに関する信認が増していると考えるべきである。一度も再検討されていない古い先例は陰に紛れているだけであり、批判的に検証され再び認容されてきた先例と比べると、それに忠実に従わなければならないという要請は低い。つまり、鍛えられてきた先例の方がコモンロー的アプローチの重視する実践知の積み重ねをより反映しているのである。

契約関係の法理がマクファーソン判決の数十年も前から崩れ始め、分離すれども平等の法理もブラウン判決の数十年前から崩れ始めていたのと比べて、ロー判決後の二〇世紀後半から二一世紀初頭にかけての展開を踏まえると、ロー判決は崩れていないといえる。連邦最高裁は、中絶前の待期期間や両親の同意要件など様々な中絶規制を認めてきたが、ロー判決が確立した権利の核心については維持し続けてきた[19]。

その反面、ロー判決が物議をかもし続けているという事実――多くの人々は妥協できずにいる――を踏まえると、その先例としての地位はそれほど確固たるものとはいえないかもしれない。これもまたコモンロー的態度であるといえる。反対意見が長引くことは、たとえそれが優勢でなくとも、考慮すべき事項である。つまり、ロー判決は、当初は物議をかもしたものの今は普遍的に受け入れられている判決――ブラウン判決、一人一票をめぐる判決、修正一条の核心に関わる判決――と同等のレベルには至っていない。

したがって、憲法に対するコモンロー的アプローチからすれば、ロー判決の地位は不可侵には至っていないが、堅持されているということになろう。このような回答は満足のいくものではないかもしれない。ロー判決のような判断に対して、その是非をはっきり示すべきであるとの批判もあるだろう。しかし、憲法問題が複雑な場合、憲法理論もまた複雑になる。そのため、複雑さを認め、複雑となっている原因を説明すべきであろう。ロー対ウェイド判決は簡単に解決できるケースではない。コモンロー的アプローチは、ロー判決がもたらした問題を考える道筋を教えてくれるが、それを簡単に解決してくれるわけではないのである。

第5章　憲法典の役割——共通の基盤とジェファーソンの問題

我々の生ける憲法は時を経ながら発展してきた先例や伝統を含んでいる。そのことを認識せずに合衆国憲法を理解することはできない。一方、条文自体が我々の憲法システムにおいて果たしてきた役割を知らずして合衆国憲法を理解することもまた不可能である。そうだとすれば、どのようにして憲法システムにおけるこれら二つの要素を調和させることができるだろうか。すなわち、動態的なコモンロー的憲法と静態的な憲法条文をいかに調和させるかということである。

1　ジェファーソンの問題

まずはジェファーソンの有名な憲法論を素材にして考えてみよう。ジェファーソンは一七八九年にパリからジェイムズ・マディソンに宛てた手紙に「地球は今生きている者のためにあるのであって、死んだ者のためにあるわけではない」と書いた。「一つの独立した国家が他の国家にはなれないのと同様に、一つの世代は別の世代になれないと考えるのが法の摂理である」。つまり、憲法はどのようにして将来の世代を拘束することができるのか、とジェファーソンは問うたのである。どのようにして過去からの死者の手（お決まりのフレーズ）が現在に生きる我々を縛るのを正当化することができるだろうか。ジェファーソンはこの問題を最初に提起した人物だったわけではなく、憲法が効力を持った時には他にも同じ問題を指摘する者がいた。とはいえ、ジェファーソンは独立宣言の起案者でもあり、彼の問題提起は強く人々の印象に残ることとなった。

ジェファーソンの提示した疑問によって生ける憲法論に何か問題が生じることはない。生ける憲法の考えは状況に適応するものであるため、決して大昔の決定に拘束されることはないからである。生ける憲法が採用するコモンロー的アプローチは、コモンローが過去の先例に依拠する点において、ジェファーソンの問題提起とまったく関係ないわけではない。だが、先例に依拠するバーク的正当化――謙虚、抽象化への不信、憲法問題の複雑さの理解に基づく正当化――はジェファーソンの問題提起にある程度回答しうるものである。この正当化は、過去が我々を支配する権利がある、と想定せずに過去に敬譲する理由を提示するものである。換言すれば、過去に従うことが我々自身にとって意味があるからこそ、過去に従うということである。我々人間は間違いを犯したくなくても間違いを犯してしまうからである。

また、ブラウン判決が論証しているように、コモンロー的アプローチは過去に絶対的に忠実でなければならないことを要求するわけではないことも重要な点である。バーク的正当化が不適切であれば、生ける憲法のコモンロー的バージョンは変革を厭わない。このように、ジェファーソンの問題提起にきちんと答えることができず、他にも様々な問題を抱える原意主義よりも、生ける憲法論は優れたアプローチなのである。

ただし、問題もある。ジェファーソンの問題提起は反論が難しい反面、政治的・法的文化の現実からかけ離れているように思えるからである。多くの人々は合衆国憲法を崇拝している。多くのアメリカ人は現存する憲法――生ける憲法ではなく憲法の条文――を起草し批准した建国期の世代の人々と通じ合っていると感じている。多くの人々にとって、憲法典に対する忠誠、憲法起草者へのある種の尊敬、歴史における重大な出来事へのある種の尊敬はアメリカ人をアメリカ人たらしめるものになっているように思える。こうした姿勢はジェファーソンの問題提起とそぐわない。このような姿勢が広まっている限り、ジェファーソンの問題提起は机上の空論――優れた問題ではあるが、答えるのが難しく、現実離れした論点――のように思えてしまう。

具体的にいうと、我々は条文そのものとは異なる生ける憲法と原意――たとえば、表現の自由を守る法理やブラウン対教育委員会判決の法理に根差しているもの――を抱えると同時に、ジェファーソンが批判した過去の人によって制定された憲法典も有している。そして憲法典は先例と伝統に基づく生ける憲法と同じくらい重要である。憲法典は先例やコモンロー的アプローチの助けを借りることなく、それ自体が多くの事項――重要事項――を決めている。そうだとすれば、我々は条文に依拠しない生ける憲法に基づきながらジェファーソンの問いに答えつつ、最終的にはその問いに直接向かい合わなければならない。もし彼の問題に直接向かい合うことができれば、生ける憲法が憲法条文と共存する方法を理解することになるだろう。

一言でいうと、ジェファーソンに対しては、憲法条文に固執したからといって、それは我々の祖先に対する畏敬の念から生じるわけでなく、またかれらが我々を墓場から支配する権利があるといった理論に基づくわけでもないと、反論することになろう。憲法典はアメリカ人に共通の基盤を提供するという意味で価値があり、それによって、我々はやっかいな問題に関する論争を解決することができる。時に正しく解決することよりも解決すること自体が重要であることがあり、憲法典の規定はまさにそうした問題を解決するのに役立つ。憲法典は、大統領の任期、各州が有する上院議席数、刑事事件における陪審の必要性など、多くの職務に関する資格について規定を設けている。たとえ憲法典が定めるルールが最善のものでないとしても、それは我々が重要な問題に答えるのに十分な枠組を提供しているので、問題が常に未解決という状態を脱することができる。これはきわめて有益な機能である。

憲法典の共通の基盤としての機能はジェファーソンの主張に対するきわめて有効な反論である。しかし、それは必ずしもジェファーソンの議論に対して懐疑的になることを要求しない。ジェファーソンの疑問に対する応答は、多くの人々が憲法に対して敬愛の念を抱きながらも、それがアメリカの市民権を得るための条件とならないようなものでなければならない。憲法制定者を敬愛したりアメリカの伝統に深く愛着を持ったりする人だけでなく、そうした敬愛や愛着を感じない人――単にルールに従って市民としての責務を果たすことを望む人もいれば、その他の民族や宗教的伝統あるいはまったく伝統のないものを崇拝する人もいる――にも寛容である憲法を重視しなければならない理由を説明する必要がある。共通の基盤によるアプローチはそれが可能であり、それはどのようにして生ける憲法と超然とした憲法典が我々の憲法システムにおいて重要な役割を占めているのかを示すことになる。

2　条文の神聖不可侵性

ジェファーソンの問題提起をより穏健な形にした場合、それは、憲法規定のうち古くなって妥当しなくなった条文を選び、それを無視すべきであると提唱するかもしれない。しかし、こうした主張は我々の法文化の原則に反するものである。我々は憲法条文を否定することはできない。ある憲法原理が憲法条文に合致することを示そうとしないまま、その原理を提唱することはできない。それは憲法文化における原則である。憲法規定は、先例が覆されたり、あるいは原意が無視されたりするのと同じように覆されるわけにはいかないのである。

たとえ条文に基づく判断を再考すべきであるという主張が強くなされた場合でも、多くの重要な論点については条文に従うことになる。昔と比べて人の寿命が長くなったという理由で、憲法が定める大統領や連邦議会議員の年齢制限を変更すべきとする解釈や、複雑化した世界では長期にわたる政権が必要になるので「大統領の任期は四年である」と定める憲法二条一節の規定を六年に延ばすべきとする解釈を提唱したところで、誰もそれを真剣に受け止めはしないだろう。上院は「各州から二人ずつ選出される」と憲法が定めている以上、たとえラディカルな生ける憲法論者であっても、州はかつてのような主権的存在ではなくなっているという理由で各州の上院議員の人数を変更する解釈を行うべきと主張したりしないだろう。また、一人一票の原則は州独自の上院制度を廃止させた。たとえば、州議会は、各郡の人口が異なっている場合に、各郡から二人選出されるような州の上院制度を設けることができないのである。こうした憲法的変革は、それが原意に反していて、憲法修正が行われなくても、完全に受け入れられることがある。しかし、状況の変化に応じて上院の人数を変えてしまうような憲法解釈は考えられない。もっとも、そうなると再びジェファーソンの問いかけを検討しなければならないように思える。なぜ、我々はずっと前の世代が制定した条文に拘束されなければならないのだろうか。

3　共通の基盤

我々が憲法典に拘束される理由は、はるか昔の世代を権威として崇めているからではなく、先述したように、それが共通の基盤を提供するからである。共通の基盤となる装置がないと、どのように政府を組織し、機能させるか、その大きさの問題も含めて、人々の間で意見の一致をはかるのが難しい。たとえば、大統領の任期や上院議員の数をどうするかという問題について、憲法典は答えを用意している。他の揉めそうな問題についても、憲法典は答えを用意している。加えて、刑事司法制度すらも憲法典が一定の答えを提示している。権利章典や他の憲法規定は刑事司法制度のあり方を直接示していないものの、その本質的要素（陪審、当事者が出廷を求める証人、弁護人、事実審の公開、事件現場から離れていないエリアにおける事実審の開催）については憲法条文から要請されていることがわかる。

さらには、信教の自由条項のようなあまり内容が限定されていない憲法規定も、条文を置くことで人々の不一致の幅を狭めている。

つまり、憲法条文については、正しく問題を解決する存在というよりも、解決すべき問題を提示する存在とみなすことが重要なのである。人々が憲法問題について意見が一致しない場合、憲法条文が示す内容が最善の答えだと考える人がほとんどいなくても——まったくいないかもしれないが——、我々は皆答えを求めて共存することができるとわかっている。そして、我々は不完全な答えが負担になると思っていない。憲法問題が登場するたびにそれを検討したり解決したりするのは時間やエネルギーを消費する。比較的小さな問題をめぐる議論ですら制御不能になってしまって重大な社会分断を招くことがある。また、ある決定（ある憲法アクターの見解に基づくもの）が憲法条文からそのまま導かれる決定よりも悪い結果をもたらすリスクもある。しかし、こうした場合においても、正解に近づく最善の道は不完全な形で提示された憲法条文に従って考えることかもしれない。たとえば、私とあなたが大統領任期の理想的な長さについて異なる考えを持っていても、だらだらと議論が続いて任期が定まらないよりもさっと明確に決めた方がよいという点で合意することができるのである。

この点こそ憲法典が拘束力を持つゆえんである。すなわち、憲法典が完全な答えを用意していなくても、条文に基づくことでどうにかして解決に至り、バランスのとれた良い判断となる一連の過程を創出するがゆえに、憲法典は拘束力を有するのである。そのため、憲法典を無視することは許されない。もし憲法条文が一度でも無視されたり拒否されたりすれば、共通の基盤を提供するという機能が阻害されてしまうことになろう。

たとえば、憲法が大統領の資格要件として市民権があることを求めているにもかかわらず、この要件は妥当でないという理由で、この要件を無視したらどうなるだろうか[1]。我々は憲法制定者に対して敬愛の念を抱かなければならない、と主張したところでその答えにはならない。煽動的文書、性差別、その他諸々の問題が起こった時に、憲法制定者への敬愛を唱えても意味がない。その答えはこうである。すなわち、もしその規定を無視してしまったら、憲法条文が大統領の任期終了について規定しているにもかかわらず、再選されなかった現職大統領が国家の危機を理由に一月二〇日の任期終了日をすぎても大統領職に何週間もとどまることができるという主張ができるようになってしまう、と反論することである。この問題を放置しておくことは危険なのである。それと同時に、我々がたどり着いた結論が憲法条文にも合致することをきちんと論証するたび、憲法典――同じ規定または違う規定のどちらであっても――が意見の不一致の幅を狭めたり取り除いたりする機能を果たすことになるのである。

4　共通の基盤と憲法解釈

共通の基盤アプローチは憲法条文の解釈方法についても示唆を与える。憲法条文は、人々が合致する点を提示し問題拡散の収拾をはかるための最善の方法で解釈されなければならない。その条文が何を意味するとしても、条文に〝固有〟の何かが存在するわけではなく、大統領任期の〝四年〟はグレゴリオ暦の四年を意味するだけである。だが、解釈をすることで争点を解決する可能性が高まり、それ以上論争を続けなくてもよくなる。憲法条文がある答えを明示するのではなく意見の不一致の範囲を狭めるのと同じことである。上院議員選出数や大統領の市民権要件、その他〝条文〟が特定事項を定めるものについて疑義を呈することを可能にしてしまうような気まぐれな解釈方法を認めないのは、条文の重要な機能――広く認められている解決をあらかじめ提示すること――が明らかに不自然な条文解釈によって覆されないようにするためである。

したがって、意外にも、憲法の文言は通常の意味、そして現在における意味――たとえ憲法制定者が理解していた意味の方がよくても――として解釈されなければならないことを要求することになる。なぜなら、憲法は現在の人々の意見が合致する共通の基盤とみなされるからである。憲法の文言の現在の意味は明らかであり、通常意見が分かれることはない。ところが、原意の場合は意味が不明瞭で論争を誘発することになる。

このような共通の基盤アプローチは言葉のフェティシズムのように思えるかもしれない。わかりやすい例が修正六条の弁護人依頼権に関する解釈である。修正六条は、刑事被告人に対して「自己の防御のために弁護人の援助を受ける」権利を与えている。この規定の原意は、政府は被告人が弁護人の援助を得ることを禁じてはならないということである――このことは歴史文書から明らかなようである。一方、政府が弁護人を雇う余裕のない被告人に対して弁護人をつけなければならないかどうかについては、原意からは明らかにならない。だが、一九六三年のギデオン対ウェインライト判決[2]は、政府は重大な刑事事件において貧しい被告人のために弁護人をつけなければならないと判断した。この判断は修正六条の文言に適うものである。しかし、ギデオン判決が確立したこの現代的権利は修正六条の文言に偶然一致――ほとんど同音異義語のようなものである――したにすぎない。そのため、修正六条の起草者たちは現代的権利を認めようとは考えておらず、それを明確に示すために別の文言を用いていたかもしれない。たとえば、起草者たちは、被告人は「自己の防御のために弁護人を雇う」権利を念頭に置いていたかもしれないのである。

一見すると、ギデオン判決はたまたま修正六条の文言と一致しただけのように思えるかもしれない。しかし、共通の基盤という観点からすると、文言との関係は重要な意味を持つ。すなわち、憲法解釈が条文の一般的意味と合致することを裁判所が示した場合――それが条文を尊重しているともっともらしくいえる場合――、その条文は共通の基盤の機能である意見の不一致を狭めることにつながるのである。原意を探る方法ではこのような機能を果たせない。ただし、いったん裁判官またはその他の有権解釈者が最もストレートな条文理解と合致しない方法で解釈する権限を主張してしまったら、条文が共通の基盤として機能する能力は弱められてしまう。こういうわけで、憲法制定者の意図を無視してでも、条文にこだわる意味があるのである。

おそらく、この種の憲法実践の中で最も印象深いのは、修正一四条を通して、権利章典を州にも適用した編入理論[3]である。権利章典はもともと連邦政府のみを対象とするものであったが、判例法理の展開により、一九六〇年代になると、連邦最高裁は刑事被告人を保護する権利章典の全規定を州に適用するに至った。それにより、州の刑事司法制度は大幅な改革を迫られることとなった。この問題は、主にヒューゴ・ブラック裁判官とフェリックス・フランクファーター裁判官の間でなされた編入をめぐる論争[4]（かれらの論争を踏まえた裁判所以外での論争を含む）の積み重ねによるところが大きかった。

編入理論をめぐる議論によって三つの点が明らかになったといえる。第一に、激しい論争――一九四〇年代中盤から一九六〇年代中盤にかけて最も憲法上論争のあった問題の一つであった――を経て完全に確立した法理になったという点である。編入をめぐる問題は立場が大きく分かれる問題に関連していた。それは、刑事司法、連邦制、そして黙示的に人種問題に関わっていたからである。けれども、一九八〇年代中盤までに、ウォーレンコートに対して最も批判的な立場をとっていた人たちも編入理論を受け入れるようになり、その後はむしろそれを強く擁護するようになる者もいた。

第二に、たとえ編入理論が修正一四条の原意に合致していることが明らかでなくとも、それが確実に受容されるようになったという点である。編入理論が認められるようになった時期の法文化をみると、修正一四条の起草者や批准者たちは権利章典を州に適用しようと考えていなかったとする見解が通説であった。もっとも、近時の歴史学はそれを否定的に解するようになっている。ただし、ここで重要なのは、編入理論は歴史学の動向とは関係なく受容されるようになったという点である。編入理論をめぐる論争や編入理論に対する批判を経て解決に至った実践的経過をみると、原意は本質的な問題ではなかったということが明らかになったといえよう。

第三に、最も重要な点であるが、編入理論と憲法条文を整合させることが難しかったにもかかわらず、編入理論は明らかに憲法条文との関係を強化することによって受け入れられるようになったという点である。連邦最高裁は、州の刑事司法制度の改善を求める際に、明らかに条文上の根拠が欠ける原理に依拠するのではなく、権利章典の条文に言及したのはその証左である。

憲法制定者が修正一四条および権利章典の条文解釈について一般的指針を示していたわけではなく、また条文もその指針を示していない中で、どうして条文が重要になるのだろうか。もし憲法制定者の意図について考慮しなくてよいのであれば、条文についても考慮しなくてよいのではないだろうか。共通の基盤アプローチの観点からみると、州の刑事司法制度改革と権利章典の条文をつなげることによって、編入理論はアメリカ社会における合意の範囲内で実践することができたと説明することになる。つまり、刑事司法について意見の一致がみられない中で、憲法条文は重視されてしかるべきであるという点は全員の合意が得られるものであり、連邦最高裁はそれを活用したと考えるのである。諸々の刑事司法改革がもたらす利点について強く反発する人であっても、権利章典によって認められた特定の権利については共通の基盤であるとして受け入れ、それが不一致の程度を緩和することにつながるといえる。刑事司法改革を権利章典の条文とつなげることは権利章典の条文と関係ない場合よりも受容されやすいのである。

編入理論は憲法典と合致しているという点において、条文を無視した刑事法改革とは異なる。成功の鍵は、連邦最高裁が取り組んできた刑事司法改革が一七八九年および一八六八年の憲法制定者が求めていた内容と一致していたからではない。他の多くの例が示すように、それは憲法が発展するための必要条件でも十分条件でもない。連邦最高裁の判断が受け入れられるようになったのは、その判断が道徳的かつ実践的であるだけでなく、憲法条文と結びついていたからなのである。

憲法条文の機能に着目する共通の基盤アプローチは少なくとももう一つ別の解釈の問題に関連している。たいていの場合、重要性が低い問題では条文が決め手となる。一九八〇年代以降、連邦最高裁は連邦議会と大統領の間の権力分立に関する事件について何度も判断を下してきた。そのいくつかはきわめてテクニカルな問題であった。たとえば、連邦議会の議員がワシントンDCの航空局の決定を監視する委員会の委員となっていいかどうかというようなケースが挙げられる（連邦最高裁はそれを認めない判断を下した）[5]。他の事件では——たとえば、大統領が損害賠償を求めて訴訟を提起できるかどうか、あるいは連邦議会が執行府の職員を捜査するために独立検察官の任命を行うことができるかどうか——、もう少し政治的リスクが高そうなケースもあった。

こうした事件では、争点がテクニカルであればあるほど、連邦最高裁は憲法典の特定の文言や原意を重視するようになる。一方、重要性が高いケースでは、連邦最高裁はコモンロー的アプローチによって対応している。つまり、先例や賢慮に関する判断に基づく原理に依拠しているのである。一見すると、なぜこうした傾向にあるのかがよくわからない。むしろ重要性が高いときに憲法典が重要になるのではないだろうか。実は、この傾向は憲法典の共通の基盤としての機能に合致している。重要性が低ければ、とにもかくにも、その問題を解決することが重要になる。このとき、最善の答えを求める必要性はあまり高くない。そのため、条文や原意に基づいてその問題を解決するのに適している。

一方、重要性が高い問題の場合、連邦最高裁はその問題を解決するための方法——条文を当てはめる——を見つけるだけでは不十分であると考える傾向にある。重要性が高い問題の場合、その問題を正しく解決することが求められる。ジェファーソンが提示した疑問——もし我々が正解を得ようとするのであれば、なぜ我々が死者の意思に拘束されなければならないのか——はまさにこれにも当てはまる。そのため、この場面では連邦最高裁が条文を超えて生けるコモンロー的憲法から示唆を得ようとするアプローチが登場するのである。

5　共通の基盤、原意主義、憲法制定者の英知

条文を共通の基盤とみなすアプローチは条文が現実に合致している場合にのみ機能する。もし条文が完全にその内容を解釈者の手に委ねるような内容であれば——もしそれが具体的事案に適用できそうな内容を何も規定していないならば——それは共通の基盤として機能しない。より重要なのは、もし条文が現実には受け入れ難い結果になってしまうような内容を定めている場合、条文を共通の基盤として用いないという選択が優先しうるという点である。一部の規定が無視された場合であっても、憲法典の一部を無視したり特定の条文のみが拘束力があるとみなしたりしても憲法全体としては拘束力を有しているといえるのであれば、一定の規定が共通の基盤として存在しているといえよう。

共通の基盤アプローチはきわめて機能的かつ現実主義的という側面がある。憲法制定者の英知の所産であり聖典的扱いを受けることのある憲法典を、単に人々が受容するに至ったにすぎないというドライな扱いをすることになるからである。しかし、共通の基盤アプローチが憲法典の価値を減殺させるわけではない。

このアプローチは、憲法典について、論争誘発的な問題の解決をはかり意見の不一致の範囲を狭めるために内容を特定する文言を使う反面、社会に受け入れ難い結果を押し付けて憲法典に不信を抱か

せてしまわないように一般的な文言も使うという優れた文書であるとみなす。このように憲法典は、内容を特定した方が良い場合には具体的内容を定め、内容を特定しない方が良い場合には一般的な文言を用いる点が優れており、我々が受け入れ難い状況から抜け出すために適切な解釈を行えるようにしているのである。憲法制定者たちが自覚的にこうした配慮をしていたことをうかがわせる理由がある。たとえば、憲法制定者たちはきわめて慎重に奴隷に関する規定を憲法典の中に設けた。そして、その際に奴隷という言葉を用いなかったのである。修正一四条の平等保護条項の制定者たちは学校における人種の分離を禁止しようと思っていなかったが、条文の中にそのことを記述しなかった。たとえ制定者たちが明らかに人種分離を維持しようと考えていたとしても、かれらは「ただし、人種分離は維持することにする」といったような文言を入れ込まなかったのである。もし制定者たちがこうした文言を条文に盛り込んでいたら、連邦最高裁がブラウン判決のような内容の判断を下すことはきわめて困難となり、市民権運動もうまくいかず、平等の進展の妨げになっただろう。

憲法修正についてもこれと同じようなことを指摘する見解がある。たとえば、具体的すぎる内容を書き込んだり目下物議をかもしている問題に対する対応を示したりする憲法修正――たとえば旗を燃やすことを禁止する憲法修正――によって整然とした憲法典の構造を乱すべきではない、と一般にいわれている。もっとも、大統領職務遂行不能事態について定めを置いた修正二五条、大統領の職務就任や連邦議会の集会の時期を定めた修正二〇条のように、かなり具体的な内容を定めた修正条文も存在する。注意すべきは、具体的内容を示す規定や一般的内容を示す規定はすべて悪い、というわけではないという点である。重要な問題を解決しなければならない時、たとえそれを完全に正しく解決できないとしても、具体的定めを置くことでそれを解決しなければならない場合がある。同じく、きわめて論争的な問題を扱わなければならない時、解釈の幅を持たせる一般的規定を設けて対応しなければならない場合もあるのである。

したがって、原意主義は、大仰な議論を提示する割には、憲法典の真の役割と合っていない。少なくとも、原意主義が、憲法が正式に修正されるまで憲法制定者の理解に従わなければならないことを要求するのであれば、それは憲法典の機能と合致しない。修正一条の起草者や批准者たちは冒瀆的表現が規制されうると考え、修正一四条の起草者や批准者たちは性差別が許容されうると考えていた。もしこれらの規定がそれを明示していたら、その後解釈による変更を避けることができず、憲法典の意義は弱まる結果になっただろう。しかし、憲法はこれらのことを明示していたわけではない。そのため、憲法の条文に基づいて修正一条や修正一四条を解釈するのではなく、一定の内容をその中に入れ込んで解釈し——コモンロー的アプローチに基づく——、それによって憲法典の地位を全体的に高めることができる。そして、それに続く形で、より入念に憲法典の中に具体的内容を示す条文を設け、共通の基盤として機能させるようにするのである。

原意主義は一般的規定を取り上げてそれを具体化しようとする。実際、それは原意主義の狙いであるともいえる。なぜなら、原意主義は、裁判官に一般的規定を自由に解釈させるのではなく、裁判官が具体的規定の内容に従うように制限しようとするものだからである。原意主義は、明示または黙示の如何を問わず、憲法制定者の考えに従うことを要求する。だが、もし原意主義者が本当に憲法制定者のことを尊重しているのであれば、解釈の幅を持たせた方が望ましい場合には一般的規定を置くことにした点にこそ憲法制定者の英知が示されているのであり、憲法制定者はそうすることで憲法典の共通の基盤としての機能を弱めないようにしたことを原意主義者は認識すべきである。原意主義者のように一般的規定を具体的規定に変えてしまうことは憲法制定者の知的営為を台無しにしてしまうのである。

第6章　憲法修正と生ける憲法

アメリカ憲法五条は憲法修正の方法について定めている。この五条の存在は生ける憲法論への批判としてよく用いられる。それはこんな感じである。我々はどのようにして憲法が変更されるかを知っている。憲法五条が定める方法がそれである。もし憲法典を変えたいのであれば、憲法五条に基づいて変えなければならない。一方、生ける憲法は憲法五条の方法を迂回するので正当性に欠ける、と批判するのである。

この批判に対しては次のように反論することができる。憲法五条が要求する修正手続はハードルが高い。それは、両院の三分の二の賛成と州の四分の三の賛成を要求する。実際に修正してそれを批准するための方法としては、それはあまりに困難な手続である。生ける憲法論からすれば、柔軟に憲法典を変えられないことでそれが社会に損害をもたらす拘束具となってしまい、憲法典が不適切または有害な存在にならないようにすることが重要である。憲法五条の手続によらない修正はすべて正しくないという主張に対しては、次のように問うことになろう。もしあなたが――これまで私が主張してきたように――我々の憲法は生ける憲法であると信じているとするならば、憲法条文に限らず、それ以外の憲法実践が多く存在していると信じることになる。つまり、憲法を変えて批准するための法源が五条以外にも存在しており、先例や生ける憲法の伝統もそれに含まれるのである。

　こうした主張は比較的支持を得られやすいと思われる。しかし、憲法五条についてはもっとドラマティックな議論がありうる――すなわち、憲法五条に関する経験が生ける憲法に疑義を呈するのではなくむしろ生ける憲法を支持するというアプローチである。憲法五条に基づいて批准された正式な憲法修正は憲法典を変える方法として重要なものではない。それよりも、生ける憲法を形成する憲法変化のメカニズム――先例や伝統の発展――の方がはるかに重要である。生ける憲法においては、憲法典を実践的に変えていく方法――もはやこれしか方法がないといわざるをえない――が主なやり方となる。正式な憲法修正はショーを照らす明かりにすぎない。一方、生ける憲法は現実のショーそのものなのである。以下、四つの点を示すことでそれを論証しようと思う。

①　たとえ憲法条文が変わらなくても憲法が定める内容が時に変わる――比較的受け入れられやすい点だと思われる。

②　やや驚くかもしれないが、ある変化に関する憲法修正が明示的に拒否された場合であっても、憲法変化が生じることがある。

③　憲法修正が批准された場合でも、それは正式な修正を経ていない生ける憲法によって生じた変化を承認しただけである。つまり、生ける憲法における変化が正式な憲法修正を生み出すことになる。

④　社会がまだ変化していないにもかかわらず憲法修正が批准された場合、その修正は全体的には回避されることになる。社会がその修正内容に追いつくまで、その修正はほとんど効力を有しない。言い換えれば、生ける憲法が変えるからこそ憲法変化が生じるのであり、憲法条文が変わっても憲法変化は生じない。

実は、この理論には二つの限定をつけなければならないが、それによって理論全体を弱めることになるわけではない。まず、憲法制定後一六年経たないうちに批准された一二の修正条項については脇に置く必要がある。生ける憲法論はどのようにして憲法原理が変わるのかについて光を当てるものであって、どのようにして憲法原理が制定されたかを対象とするものではない。生ける憲法の実践は社会が成熟していることの証でもあり、そこでは先例や伝統が発展する機会がある。新たな憲法秩序が形成された後、最初のうちは伝統や先例がまだ存在していない。権利章典、修正一一条および修正一二条は最初の憲法典と同様にこの国を始動させた基本条項とみなすべきである。生ける憲法はそれを引く継ぐ形になるのである。

次に、憲法修正は憲法変化の重要な手段ではないけれども、他の機能を果たしていることに留意しなければならない。たとえば、修正条項のいくつかは、物議をかもしているわけではないものの、とにもかくにも明らかに解決しておかなければならない重要な問題に対応する共通の基盤としての役割を果たしてきた。大統領が職務遂行不能に陥った際の対応について規定した修正二五条はその卑近な例である。この規定は憲法変化に関わる重要事項を規定しているわけではないが、それが果たす役割は決して小さなものではないといえる。とはいえ、この機能を果たすために正式な憲法修正を経る必要はおそらくないだろう。もし正式な憲法修正手続を利用することができなければ、おそらく立法による対応などのような他の方法によってこの問題の解決をはかることができると思われるからである。

また、憲法修正は外れ値を修正する機能も果たすことがある。ある問題についてほぼ国民の総意が得られた場合、憲法の正式な修正に向けて足並みがそろうことになる。つまり、国民の大多数の合意が国民の完全な合意に変わる瞬間である。連邦選挙における投票要件として人頭税を設けることを禁止した修正二四条はその典型例である。修正二四条が批准されるまで、投票要件として人頭税を課していたのは四つの州だけであった。そのため、修正二四条を制定することによって、完全にそれを禁止することになったのである。もっとも、それは憲法変化の中でも憲法の核に関わる変化とはいえない。ブラウン対教育委員会判決や第３章で述べたような表現の自由の法理によってもたらされた変化こそが憲法の核に関わる変化なのである。

１　生ける憲法と憲法典

ここまで、裁判所が判断したことを中心に生ける憲法を論じてきた。そのせいか、生ける憲法の考えに対する批判の大半は裁判所の役割に疑問を呈するものである。すなわち、生ける憲法の議論は裁判所が好き勝手できるようにしてしまう、という批判である。私はこれに反論してきた。なぜなら、生ける憲法は、他のアプローチと比べて、きわめて率直かつ様々な点で理に適った形で、これ以上ないほど裁判官の裁量を抑制するコモンロー的憲法だからである。

生ける憲法と正式な憲法修正を比べることで、より広い視点から生ける憲法を考察することができる。多くの憲法典の規定は裁判所が実施することを予定していない。一般に、裁判所は下院議長が承認した法案が本当に下院の過半数を得たものであるかどうかについて判断しない。また、裁判所はある公務員を弾劾するという下院の決定を審査しないし、ある公務員を罷免するという上院の決定などを審査しない。つまり、裁判所に持ち込まれることのない生ける憲法の原理——重要な原理——が存在するのである。そうした原理は、憲法修正や裁判所の判断によらずに、社会で積み重なることによって確立した伝統や理解——それは憲法典が言及する基本的問題に関わる——に基づくものである。それは時に、社会において確立した後まもなくして裁判所によって判断され、それが議論の余地がないほど確固たるものになることもある。たとえ生ける憲法の中でしかそれらを見つけられなくても、裁判所はそれらを憲法原理として扱うのである。

一つの例として投票の財産要件——現在では議論の余地がないという点で好例である——を挙げることができる。独立革命以前、すべての植民地は一定の財産を有する者にのみ投票権を与えていた。革命が起こると、そうした財産要件の多くが廃止されるか減額されたが、なお反発も強かった。一九世紀の最初の数十年の間に改革の波が起き、残りの州も財産要件を廃止し始め、いわゆる〝普通〟投票権制度を採用し始めた（もっとも、それは白人男性に限られたものであったが）。一八四〇年までに、財産要件はもはや意味をなさないようになり、一八六〇年までには財産要件は全廃された。その結果、連邦最高裁は投票に係る財産要件は一定の場合を除き違憲であるとする判断を下した。ただし、連邦最高裁がその判断を下したのは一九六〇年代に入ってからのことだった。それまでの一世紀の間に、もはや一般選挙において財産要件が必要だという認識はすっかり消え去っていた。

これこそが憲法変化である。それは誰が投票できるかという基本的な憲法問題に関わるものである。正式な憲法修正条項も複数の規定の中で投票の問題を扱っているが、財産要件の廃止を定めた修正条項は存在しない。このことは一八六〇年以降も財産要件を認めるべきかどうかについて異論を挟むことを意味しているわけではない。連邦最高裁がこの問題について最終的に決着をつけたことで十分である。ただし、この憲法原理は生ける憲法によって長い期間をかけて確立したものであることを忘れてはならない。

この例を見ると、正式な憲法修正においても、憲法の変化や適応においても、生ける憲法が重要であることがわかる。他にも多くの同様の例があり、同じようなプロセスを経ている。ゆえに、憲法五条は一般に二次的な役割にすぎないのである。

2　憲法修正なき憲法変化

正式な憲法修正の果たす役割が見た目よりも小さいように思えるのは——生ける憲法が主な動態的変化となっているので——正式な憲法修正を経ずに起こる憲法変化が多いからである。

そうした例の一つとして、連邦法の対象範囲の著しい拡大を挙げることができる。一世紀前には州の排他的管轄に属していた事項についても、今や連邦議会は規制対象に含むことができるようになっている。たとえば、製造業、雇用関係、土地利用、環境、農業、金融取引、一般向け製品の販売、教育など多岐にわたる。このような連邦議会の権限拡大は憲法条文が明示的に規定しているわけではなく――むしろ条文に反している――、憲法の原意に沿っているわけでもない。こうした拡大は司法判断の積み重ねによって認められてきたものであり、生ける憲法の典型例となっている。もちろん、間接的には、この変化は連邦規制の拡大を求める政治的・社会的需要に基づくものであり、司法はそれを止めずに認めてきたといえる。

憲法の条文は連邦議会の権限を詳細に規定している。そして連邦の権限の範囲は憲法制定会議の重要な議題であった[1]。しかし、正式な憲法修正を経ることもなく、連邦議会の権限は拡大した。中でも連邦の権限を大幅に拡大したフランクリン・ルーズベルト大統領は、憲法五条に基づく正式な憲法修正を自覚的に拒否した。彼は憲法修正を行わなくても連邦権限を拡大することができると考えていたのである。また、以下に述べるように、児童保護のための連邦権限拡大を盛り込んだ児童労働に関する憲法修正案も拒否されている。

外交権限などを中心とした大統領権限の拡大もまた正式な憲法修正なき憲法変化の一例である。今日、大統領には戦争宣言を行うことなく外国に軍隊を派遣するための広範な権限が認められている[2]。また、大統領は多くの点で条約と似通っているにもかかわらず上院の三分の二の賛成を得ずに行政協定を締結することがあり[3]、時にそれは連邦議会の過半数の承認すらなく締結されることもある。これまで裁判所は、大統領には国内問題よりも外交関係の問題について広範な裁量があることを認めてきた。こうした大統領権限の拡大は憲法条文や原意に明確な根拠があるわけではない。特に二〇世紀においてそうした拡大が見られるようになり、現在では正式な憲法修正がないまま確立するに至っている。それはまた司法判断の積み重ねに加え、裁判所以外の伝統や実践の展開によって確立したといえる。大統領は徐々に権限を拡大するようになり、連邦議会や社会はそれに対して異議を唱えなかったのである。

関連して、規則や裁決に関する連邦政府の官僚の権限拡大も憲法条文の予期せぬ事項であった。憲法典は〝執行各部〟に言及しているが、原意は二〇世紀における連邦官僚の規模の著しい拡大を予定していなかったといえる。それもまた生ける憲法の発展的集積によるものだったのである。

連邦政府権限の拡大の中心をなす行政機関が登場し始めたのは一九世紀末のことであった。一八八七年に設置した州際通商委員会を皮切りに、連邦議会は、執行機能、立法機能、そして司法機能など、様々な機能を兼ね備えた行政機関を数多く設置した。こうした機関が大幅に増加したのはニューディール期であったが、その前、すなわち一九三三年までに、すでに行政国家は確立していた。連邦取引委員会、連邦エネルギー委員会、連邦ラジオ委員会（連邦通信委員会の前身）、取引所監査機関など、その他多くの機関はすでに存在していたのである。こうした行政機関は憲法典との関係で重大な問題を惹起する。これらの機関は三権の各機能を有していたことから、権力分立違反の疑いがあるのは明らかであった。たとえば、それらの機関の構成員は憲法三条に基づいて任命された裁判官ではないにもかかわらず、裁定権を行使することができた。また、陪審の判断を経ることなく民事責任を問うことができたので、修正七条違反の疑いもあった。[4]

連邦官僚または行政国家の拡大を認めるような憲法規定は存在しない。憲法上の疑義があるとしても、拡大した連邦政府は今や我々の国家体系の一部となっている。こうした行政機関の合憲性については連邦最高裁が一九三二年にクロウェル対ベンソン判決[5]を下して以来、疑問の余地のない存在となっている。実際、それ以降、多くの行政機関が設置されており、同判決によってこれらの行政機関は既成事実化したのであった。

このような憲法修正以外の方法による憲法変化は必ずしも二〇世紀にのみ見られる現象ではない。かつてマーシャル長官は一八一九年のマカロック対メリーランド判決[6]において第二合衆国銀行の合憲性を認め、憲法の必要かつ適切条項を拡大する解釈を行った。それによって連邦議会はその法律が憲法によって明示的に認められた立法事項と多少なりとも関係していれば立法することができるようになった。マカロック判決は、正式な憲法修正を経ないまま、連邦最高裁が実質的に憲法を変えた例とみなされている。憲法制定会議の有力なメンバーであったジェイムズ・マディソンは、もし憲法典がマカロック判決でマーシャル長官が示したような広範な権限が連邦議会にあると定めていたら、憲法典は批准されなかっただろうと述懐している。ところが、マカロック判決は基本的な憲法原理として確立していった。実際、必要かつ適切条項は連邦議会の他の権限事項にまで拡大されていったのである。

実は、合衆国銀行に関するマディソン——憲法制定者の一人でもある——の考え方の変遷は生ける憲法につながっている。アレクサンダー・ハミルトンが最初に合衆国銀行を提案した時、マディソンは、憲法はそのような権限を連邦に与えていないと主張して強く反対した。もし憲法五条に基づく正式な修正を行わないまま合衆国銀行を認めてしまうのであれば、それは憲法が破壊されてしまうのも同然であると、マディソンは主張したのである。

合衆国銀行の合憲性をめぐる議論が紛糾したにもかかわらず、連邦議会はそれを創設する法律を制定した。第一合衆国銀行の期限が到来した際にも、連邦議会はそれを延長する議決を行った。これに対して、当時大統領であったマディソンは当該銀行の延長法案に対して拒否権を行使した――ただし、それは憲法論に基づく反対ではなかった。ハミルトンが第一合衆国銀行を提案してから一五年経過した一八一五年、マディソンは、合衆国銀行の合憲性の問題は「立法府、執行府、司法府の各機関が状況の変化に応じて様々な形で国家全体の意思を反映しながら承認することで払拭されるに至った」と説明した。つまり、マディソンによれば、当初違憲であった合衆国銀行が生ける憲法によって合憲になったというのである。その一年後、マディソンは第二合衆国銀行の創設法案に署名しており、彼が生ける憲法の実践者であることが示された。

もっとも、マディソン政権が終わると、再び合衆国銀行の合憲性の問題が浮上することになった。というのも、ジャクソン大統領が第二合衆国銀行の延長法案に対して拒否権を発動したからである。一八三二年、マディソンは生ける憲法のアプローチを強調しながらジャクソン大統領の拒否権を批判した[7]。マディソンいわく、「今、合衆国銀行を違憲と宣言することは国家の判断や意思を示す証拠たる一連の先例に由来する義務のすべてを拒否することになる」。そしてマディソンは次のように問いかけた。

全体として真正かつ安全な憲法構築に基づくものとは何だろうか。それは与党が変遷しながらも統一体としての継続的な立法府が連綿と形成してきたものだろうか。それとも、所属政党の党派的理念を熱心に追求したり、大衆受けの良い政治家の雄弁な演説に惑わされたりする——あるいはかれら自身が惑わされる状況下にいるのかもしれないが——選挙ごとに変わる立法府の意見だろうか。

マディソンは持ち前の先見の明を生かして憲法制定作業に携わった。もっとも、後年のマディソン——彼は〝統一体としての継続的な立法府〟はたとえ正式な憲法修正を経なくても憲法典を変えることができると考えていた——は後に生ける憲法の発想を取り入れていたのである。

3　憲法修正として成立しなかったが法になったもの

正式な憲法修正を経ない生ける憲法の姿をよりはっきりと確認できるのは、提案された憲法修正が成立しなかったにもかかわらず、その後の実践によって憲法の一部となるケースである。一九二四年、連邦議会は、児童労働に関する規制権限を付与する児童労働に関する憲法修正案を発議し、各州の判断を待つこととなった。実は、連邦議会は何度もこの種の立法を試みてきたが、連邦最高裁によって潰されてきた。たとえば、連邦議会は州際通商条項に基づく規制権限を用いて児童労働を規制しようとした。しかし、連邦最高裁は製造業のような〝純粋に地域の〟問題に対して州際通商条項を用いることはできないとしたのだった[8]。

そこで連邦議会は連邦最高裁の判断を乗り越えるために憲法修正としてこれを提案したのである。しかし、この修正案を成立させるだけの州の賛成を得ることはできなかった。修正案を州に提示してから一年以内に一九の州が提案に反対し、賛成したのはわずか四つの州にとどまった。一九三二年までに、三八の州が反対し、六つの州しか賛成に回らず、この修正案は死んだも同然の状態になった。

ところが、一九四一年までの間に、この修正案が憲法に追加されたのと同じような状況が創出されることとなった。合衆国対ダービー・ランバー社判決[9]が連邦の最低賃金法である公正労働基準法を合憲としたからである。ダービー判決は州際通商条項に基づく連邦議会の権限を制限した先例の理由付けを覆した。それはまるで児童労働に関する憲法修正案を認めるだけでなくその範囲を広げるかのような判断――児童労働を禁止する法律を認めることに加え、先例が採用してきた州際通商条項に関するアプローチをすべてひっくり返すような判断――であった。

こうしたパターンについては、より最近の例として性別に基づく不平等な取り扱いを禁止しようとした平等権修正を挙げることができる。最初の平等権修正は一九二三年に提案された。一九七二年に連邦議会はより新しいバージョンの平等権修正について各州の賛否を問うたが、批准に必要な賛成を得られず、その提案は一九八二年に失効した。しかし、少なくとも四半世紀の間、連邦最高裁はまるで憲法が性差別を禁止する規定を設けているかのような判断を下してきた。連邦最高裁は性差別に対して〝高度に説得力のある〟正当化を要求し、〝古く雑な一般化〟――女性は男性と比べて外で働く割合が少ないといったようなイメージ――に基づくような性差別を無効にした。今日、もし平等権修正が批准されていたとしても、それが存在していた場合と異なる点を見つける方が難しいくらいである。

4　南北戦争後の修正条項（および修正なき修正）

もし形式的には批准されなかった憲法修正案――場合によっては否決された憲法修正案ですらも――を生ける憲法が実質的に承認することができるとしても、それは必ずしも生ける憲法が憲法変化の主な方法であることを示すわけではない。たとえば、南北戦争後に成立した修正条項の重要性を否定することはできないだろう。すなわち、奴隷制を廃止した修正一三条、市民権規定を設け、デュープロセスや平等保護、特権免除を盛り込んだ修正一四条、人種や以前苦役に服していたことを理由に投票を認めないことを禁じた修正一五条である。

ところが、これらの修正条項は一般に思われているほど大きな変化をもたらしたわけではない。人種問題はこれらの修正条項よりも他の力――生ける憲法を含む――によって変化していった。もちろん、南北戦争自体はきわめて大きな変化をもたらした。また、最終的には、南北戦争後の修正条項が描いた内容にそって国家が変化していった。たとえば、現在、人種的少数派も投票することができるようになっている。しかし、修正条項が実際の変化を引き起こしたわけではない。修正条項が批准された時に何かが大きく変わったわけではなかった。修正条項が定めた変化は社会自体が変化したことによってもたらされたものである。実際、南北戦争後の修正条項は、それらが批准された後一世紀の間、実質的な意味をほとんど持たなかった。

たとえば、修正一三条の実質的効果は、南北の境界線上にあり、南軍に加わらなかった四つの州（デラウェア州、メリーランド州、ケンタッキー州、ミズーリ州）において奴隷制を廃止したにとどまる。奴隷解放宣言（〝合衆国に対して反乱を起こした〟州や準州に適用される）――さらにいえば北軍――がすでに全国の奴隷を解放していた。ある北軍の将校は、「なにはともあれ、奴隷制はなくなった。すべてはここから始まるのであり、今がまさにその時なのである」と一八六三年に述べている。その意味では、修正一三条は他で修正されていたはずの外れ値を修正した例といえる。修正一三条は四つの州の奴隷制を終わらせたが、それがなくても数年前に奴隷制が廃止されていたといえるからである。このことは些細なことというわけではないが、正式な憲法修正が憲法変化の主な手段であることを裏付けることにはならない。

修正一四条と修正一五条は修正一三条と比べていささか異なる側面がある。奴隷制は南北戦争が終結するまでにもはや制度としての重要性を失っていたこともあり、これらの規定は奴隷制について言及していない。修正一四条と修正一五条は南北戦争後の南部への対応という重要な問題を扱った条文であった。しかし、これらの条文は時代を先取りしていたところがあり、時代がそれに追いつくには二〇世紀中盤まで待たねばならず、それまではほとんど機能しなかった。

修正一五条はアフリカ系アメリカ人や元奴隷に対する投票差別を禁止する条文であるが、その実効性については波乱に満ちた展開となった。実は、修正一五条は実質的に無効にされたという経緯がある。修正一五条は一九世紀末まで南部において重要な機能を果たした。さらに黒人が北部で投票権を確保するのにも役立った。しかし、修正一五条の大部分は平等保護修正と反対の経緯をたどることとなった。正式な憲法修正として成立したにもかかわらず、憲法条文としての効力に欠けていたからである。

修正一五条は一八七〇年に制定された。しかし、一八八〇年代末までに、それは南部の多くで覆されたのである。それは修正一五条に対してあからさまに抵抗したわけではなかった。むしろ、南部の州は正面から黒人の投票を否定するのではなく、読み書きテストや人頭税を課すことにより、事実上かれらの投票資格を奪うという方法を用いた。こうした表面上の方法が十分機能しない場合には、南部の白人は恫喝を行ったり、時には程度の差こそあれ明らかな暴力を用いたりした。二〇世紀に入る頃には、アフリカ系アメリカ人はほぼ全域で投票資格を事実上剝奪されてしまったのである。修正一五条は二〇世紀中盤になるまでそのほとんどが事実上無効にされる状態が続いた。

憲法典の条文を読んでそこに記載された修正条項の価値をそのまま受け止めるのであれば、修正一五条は恒久的にアフリカ系アメリカ人に投票資格を与えたと理解するだろう。しかし、実際はそうならなかった。北軍、そして南部における政治的変化により、限られた程度ではあったものの、修正一五条の実施が試みられた。ところが、その効果が薄れた時、修正一五条は憲法典としての効力もなくなったかのような状況に陥った。それから一〇〇年後、投票権法――長期にわたる社会的および経済的な力の所産である――が黒人に投票権を与えた。実質的観点からすれば、憲法は正式な憲法修正によって変わるわけではない。社会制度や伝統が変わった時だけ、憲法が変わるのである。

修正一四条は修正一五条ほど劇的な変化を経たわけではなかったが、多くの点において、修正一五条と同じような経緯をたどった。修正一四条は即時的効力を有する規定であった。修正一四条は、南部で広く採用され、アフリカ系アメリカ人に様々な規制を課したり法的能力を奪ったりしてある意味奴隷制の再構築をはかった黒人取締法を無効にした。[10] 修正一四条の平等保護規定や特権免除規定が禁止しようとしたアフリカ系アメリカ人に対する著しい差別は、市民権運動やブラウン対教育委員会判決が登場する一九五〇年代から一九六〇年代まで続いた。

興味深いのは、南北戦争後の南部の激しい抵抗がなければ、修正一四条は批准されなかったかもしれないという点である。再建期の連邦議会は修正一四条がなくても州の黒人取締法を廃止できる権限があると考え、修正一四条が批准される前に、黒人取締法を対象とした一八六六年市民権法を制定した（アンドリュー・ジョンソン大統領は同法案に対して拒否権を発動したが、連邦議会は拒否権を乗り越えて法案を成立させた）。修正一四条は一八六六年市民権法の合憲性を担保することを企図していた。もし連邦最高裁が同法の合憲性について連邦議会に同意していれば、黒人取締法を廃止するために修正一四条を成立させる必要性はなかっただろう。当時の共和党議員は、「正しく理解するのであれば、憲法修正はすでに存在する憲法を宣言するにすぎない」と考えていた。連邦議会議員の中には、「すでに存在する憲法」とは憲法典の他の規定のことを指すと考える者もいたが、連邦離脱と南北戦争が〝独自の論理と義務〟──生ける憲法のバージョンの一つ──を創出したという見解を持っていた。

修正一四条が達成しようとしていた実際の変化は二〇世紀中盤まで起こらなかったが、市民権運動が起こった時、ブラウン判決やその他の市民権を求める主張が依拠した修正一四条は条文としての根拠を与えたという点において重要だったといえるかもしれない。しかし、この限定的な効果ですら、修正一四条がもたらしたものとはいえない。ブラウン判決が州が人種分離を認めることは違憲であると宣言した時、ボリング対シャープ判決[11]は連邦政府がワシントンDCの学校で人種分離を行うことも違憲であると判断した。連邦政府が差別を行ってはならないとする原理は憲法条文からも原意からもうかがうことができない。なぜなら、平等保護条項は州に対してのみ適用されるのであって連邦政府には適用されず、ボリング判決が依拠した修正五条のデュープロセス条項はアメリカの半数で奴隷が合法であり奴隷取引も憲法によって保護されていた時代に批准されたものであったからである。

ボリング判決が確実な憲法条文上の根拠にこだわらずに（おそらく多くの人がそういうだろう）判断したことは、南北戦争の勝者が修正一四条を憲法典に盛り込まなくても、一九五〇年代から一九六〇年代にかけての出来事に大きな差異は生じなかっただろうと推測させる。もし修正一四条が批准されていなければ――たとえば、もし一八六六年市民権法は憲法修正がなくても合憲であるという認識が南北戦争後のコンセンサスであり、再建期の連邦議会は憲法修正を提案する代わりにあらゆる場面に気を配ったとしたら――連邦最高裁がブラウン対教育委員会判決で学校側に有利な判断を下したとは思えない。現実的可能性を考えると、連邦最高裁は人種分離が違憲であるという結論を導き出すための形式的根拠として他の憲法条文を提示することになったかもしれない（合衆国に「連邦内のすべての州に対して共和政体を保障」することを要求する規定[12]を一つの候補として挙げておく）。以上の通り、南北戦争後の憲法修正は、生ける憲法の進歩的発展も含む修正条項以外の力によってアメリカの人種問題に大きな変化をもたらしたということができる。

南北戦争後に設けられなかった憲法修正はこうした理解を補助することになる。南北戦争前、憲法は州が合衆国から分離することを認めているかという問題が物議をかもしていた。南北戦争が始まるまでの数十年間、様々な政治家や法律家が分離を支持するためにジェファーソンのケンタッキー決議を引き合いに出すなどして真剣に法的議論を重ねた。南北戦争がこの問題を解決した後、明示的にも直接的に関連するような方法でも、この問題に関する憲法修正は行われなかった。

しかし、この問題が解決されたことに疑いの余地はない。多くの人はその問題は南北戦争によって解決されたというだろうし、その理解は正しいといえる。たとえ正式な憲法修正が行われなくとも、この問題は南北戦争によって解決されたのである。それと同様に、南北戦争は奴隷をめぐる憲法問題も解決したのであり、もっと正確に言えば、人種の平等の実現に向かって歩む行路を設定したのである。離脱修正が存在しなくてもその問題が解決したことを踏まえると、修正一三条、修正一四条、修正一五条が一般に思われているほど大きな憲法変化をもたらしたとはいえないことになろう。

5　変化を批准した修正

他にも、実際よりも大きな変化を生み出したと考えられている憲法修正のカテゴリーがある。すでに変化が生じた後に正式に憲法修正がなされたケースのことである。それは順序が逆というよりも、変化が修正を生み出すというパターンである。こうした修正はどのようにして生ける憲法が変化の実際のメカニズムとなっているのかを例証することになる。憲法条文の変化が後からついてくるのである。

合衆国上院議員の選出について定めた修正一七条はまさにその典型例である。また、修正一七条が成立したプロセスを踏まえると、別の重要な生ける憲法の例を認識することができる。すなわち、正式な憲法修正のないまま、どのようにして大統領の選出方法が変化していったかという問題に関わるのである。

憲法は当初連邦の上院議員は州の立法府によって選出されると定めていた。一方、一九一三年に批准された修正一七条は、正式に、上院議員は人民の直接選挙によって選ばれると規定した。上院議員の直接選挙は憲法秩序における重大な変化であったといってよいだろう。それは明らかに州政府と連邦議会の結びつきを弱めるものであり、州の立法府にのみ支持されてきたインサイダー的存在とは異なり、立候補者は民衆に最大限支持を訴えることができるようになった。しかし、ここでも再び、修正一七条がこの変化について主要な役割を果たしたと考えるのは誤っているといわざるをえない。修正一七条が批准される前に、その変化はあらゆる実践的目的を果たすために起こったものであった。修正一七条の機能はすでに達成されたことを承認するものだったのである。せいぜい言えることは、その修正がわずかな外れ値を除去し、おそらく一本筋の通ったものにしたという点だろう。

上院議員の直接選挙は一八三〇年代初頭から様々な段階を経て展開してきた。それまで、上院議員の立候補者は基本的に州議会が選出されるまで目立った選挙活動を行わなかった。その後、立候補者は州議会の中で議員を相手に選挙活動を行った。しかし、一八三〇年代に入ると、上院議員に選ばれたいと考える人々は直接州の有権者に働きかけるようになり、州議会議員選挙において、その立候補者を上院に送ると宣誓した者に投票するように訴えた。一八五八年のエイブラムス・リンカーンとスティーブン・ダグラスとの間の奴隷制をめぐる有名な討論もこの変化を物語るものであった。リンカーンもダグラスも上院議員の立候補のための選挙活動をしていたが、この討論は州議会の中ではなく一般大衆の前で行われた。リンカーンもダグラスも選挙民全体に訴えただけでなく、州議会選挙が行われる前に各政党が推薦する上院議員立候補者の選挙に向けても訴えたのであった。これは各政党の州議会議員立候補者とその政党の上院議員立候補者を結びつける効果を持った。つまり、実質的には、州議会選挙は議会制における首相の選出と似た形となった。

リンカーン—ダグラス論争は特殊な例であったが、一九世紀後半には直接選挙を求める声が強くなった。直接選挙を認めるための憲法修正が何回も提案された。それと同時に州政府もまた直接選挙を求める声に反応して、直接選挙を実施するための制度を設けた。一八七五年初頭、ネブラスカ州は政党の上院議員立候補者を決めるための予備選挙を開催した。他の州もそれに続き、一つの政党しかない州（主に南部）では、予備選挙での勝利が上院議員選挙での勝利と同じ意味合いを持つことになった。そして単独政党が予備選挙を行う州では、修正一七条が提案される前に、直接選挙が制度化されるようになった。

一九〇四年、オレゴン州は、州議会議員への立候補者に対し、指名請願の欄に最多得票を得た上院議員立候補者に投票することを〝厳粛に誓う〟か、得票数に〝関係なく〟自由意思で投票すると宣言するかのいずれかを記入することを要求した。驚くなかれ、ほぼすべての立候補者が前者を選択した。そして一九〇九年のオレゴン州議会では共和党が多数派を占める中、選挙で最多得票を得た民主党の立候補者を上院に送り込んだ。こうして名実ともに直接選挙制度が構築されたのである。

修正一七条が提案される一年前の一九一一年までに、半分以上の州がオレゴン州と同じ制度またはそれに近い制度を採用していた。多くの州は、州議会選挙の投票用紙に、立候補者が上院議員選挙立候補者の中で最多得票を得た者を支持すると宣誓するかどうかの欄を設けていた。また、少なくとも三つの州では、州憲法が州議会議員に対して予備選挙で最多得票を得た上院議員立候補者を選出するように要求した。こうした経過を経て、いよいよ修正一七条賛成派のアイオワ州選出のアルバート・B・カミンズ上院議員と修正一七条に強く反対するアイダホ州選出のウェルドン・B・ヘイバーン上院議員が上院の議場で相まみえるに至った。

カミンズ上院議員

「アイダホ州選出の上院議員は次のようにのたまっている……もしアメリカの選挙民が誰を上院議員に選ぶかについて口を出せるようになると、そうした能力のない、ふさわしくもない、軽はずみで、社会の影響を受けやすく、過激で、政府のことを何もわかっていない群衆によって上院は支配されてしまうだろうと。私はこれを聞いて、この国の人々は、憲法の修正をあきらめ、自分たちでこの改革を成し遂げてきたことを思い出した。」

ヘイバーン上院議員

「まるで暴徒のようじゃないか。」

カミンズ上院議員

「たしかに、それは通常のやり方ではない。それでも、人々はそれを実現したのだ。」

ヘイバーン上院議員

「まさに暴徒のようじゃないか。」

カミンズ上院議員

「人々はそれを効果的に実現したからこそ、憲法修正の有無に関係なく、多くの州、いやむしろほとんどの州において自分たちで上院議員を選ぶことにしたのだ。」

この発言からうかがえるように、修正一七条が上院議員の直接選挙を実現したわけではなかった。直接選挙は憲法修正以外の手段で制度化され、修正一七条はそうした実践を認めたにすぎない。憲法典は自らの発展のメカニズムを承認してきたのである。

憲法上の規定の有無に関係なく、上院議員の直接選挙が正式な修正なく実現されたことは驚くに値しない。憲法典はまた選挙人団による間接選挙によって大統領が選出されることを予定している。その原意からすれば、選挙人が自らの判断で大統領を選ぶことが予定されていたと考えられる。しかし、選挙人が自らの判断で大統領を選ぶという考えは脇に置かれてきた。実際には、形式上は選挙人が大統領を選ぶけれども、実質上は個々の選挙人の意思と関係なく州単位で大統領を選んでいる。個々の選挙人の判断の余地をなくし、各州の選挙人による投票の総数を自動的に州の選挙で勝利した側にすべて割り振ることを規定した憲法修正を行っても現行の大統領選挙と変わることはないのである（なお、これは全国レベルの国民投票とは異なる問題である）。

大統領選挙の間接選挙から直接選挙への実質的変化は、上院議員選挙の直接選挙への変化と同様、州法によってもたらされたものである。大統領選挙については、そうした州法が明らかに原意に反するにもかかわらず、連邦最高裁がその合憲性を認めた。いずれの変化も生ける憲法の所産である。上院議員選挙については正式な憲法修正も行われた。しかし、憲法修正による形式的承認は些細な点にすぎない。生ける憲法こそが実際の変化をもたらした要因なのである。

6　生ける憲法を保持した修正

最後に、正式な憲法修正を経ずに生ける憲法によって形成された原理や理解がその後の異例の出来事によって覆されたり脅かされたりしたため、そうした原理や理解を保持することを目的として正式な憲法修正が行われたケースを取り上げる。

その例の一つが修正一六条である。この規定は連邦議会に所得税を課す権限を付与している。修正一六条は連邦所得税を違憲とした一八九五年のポロック対農業用ローンおよび信託判決[13]を受けて成立したものであった。ポロック判決は、所得税は憲法一条二節に規定する〝直接〟税に当たり[14]、州が課税権を持つため、連邦所得税を違憲とした。しかし、ポロック判決は当時の法の理解から外れており、法の発展を止めてしまったという点で、奇妙な判断であった。ポロック判決以前、連邦最高裁は、〝直接税〟の範囲——特に定義づけが難しい概念——には相続税、州の銀行が発行する手形に関する税、保険料に関する税が含まれるという主張を何度も拒否してきた。ポロック判決の一四年前にあたる一八八一年、連邦最高裁は南北戦争中から一八七二年まで継続した所得税の合憲性を支持していた[15]。

その結果、一九世紀後半には連邦による所得税徴収に向けた動きが加速し、連邦所得税の合憲性は問題視されなくなっていった。そうした状況もあり、ポロック判決は驚きをもって受け止められ、すぐに強い批判を浴びた。当時のある論者は、南北戦争前に奴隷制を合憲であるとしたドレッドスコット判決と肩を並べるくらい問題のある判決であるとした。後に連邦最高裁長官となるタフト大統領は、ポロック判決について、「これほどまでに連邦最高裁の威信を傷つけた判決はない」と語った[16]。

ポロック判決後、多くの連邦議会議員は何とかして所得税を課す方法を模索した——かれらは連邦最高裁がポロック判決に固執しないと確信していたので、それは判決に対する抵抗というものではなかった。連邦最高裁はそれにこだわることを何も示唆していなかったのである。ポロック判決から数年後、連邦最高裁は、相続税はエクサイズ・タックスであって間接税に当たるとしてその合憲性を認めた[17]。一九〇八年、共和党の大統領候補指名を受けたタフトは、所得税を推進するとし、連邦最高裁の判断はある種の所得税については許容されると解釈できる余地があることやその後連邦最高裁裁判官の交代があったことを踏まえて、そのために憲法修正を行う必要はないとした[18]。

タフトが大統領に就任した時、彼は憲法修正不要という立場を変えた。そして一九〇九年、所得税の賛否をめぐって政治状況が複雑化した中で、連邦議会は修正一六条を州に提案した。上院は全員一致で修正案の発議を認めていた。ほぼ同時に、連邦議会は所得に応じた法人税を成立させていた。州議会が憲法修正の提案を受けていた頃、連邦最高裁は、法人所得税は所得税ではなくエクサイズ・タックスであり、本件では法人が事業を行う特権に課される税であるとしてポロック判決の射程を狭め、法人所得税の合憲性を認めた。[19] 修正一六条が批准された後、連邦最高裁は、この修正条項は連邦議会がポロック判決以前には有していたと考えられる権限を保持するものであると位置付け、所得税を合憲としたのだった。[20]

結局のところ、社会は憲法修正ではなく発展的方法によって〝直接税〟という曖昧な文言がうまく機能するように試みた。ポロック判決は生ける憲法が発展させてきたバランス状態を歪めてしまった。修正一六条――連邦最高裁はポロック判決を簡単に覆したかもしれないので、必ずしも憲法修正が必要ではなかったかもしれないが――は社会に必要な状況を単に保持したにすぎないのである。

大統領任期を二期に制限した修正二二条も同じような経過をたどったが、その経過はより複雑であった。一九五一年に批准された修正二二条はフランクリン・ルーズベルト大統領が一九四〇年に三期目に立候補し一九四四年に四期目に立候補して当選したことに端を発する。それ以前は、大統領は二期で終えるのがジョージ・ワシントン以来の伝統的慣行であった。一九一二年に、セオドア・ルーズベルト大統領がその伝統を破るかのように立候補した。彼は、もともとウィリアム・マッキンリー大統領が暗殺された時に大統領に就任し、その後一九〇四年の大統領選挙で勝利したという背景がある。[21] セオドア・ルーズベルト大統領が一九一二年に第三政党から立候補した時、彼は不文の伝統を侵害していると批判された。そのことが（表向きの）原因で、彼は撃たれてしまったくらいである。[22]

フランクリン・ルーズベルトの一九四〇年の選挙への立候補は、アメリカが第二次世界大戦に参戦するかどうかの瀬戸際にあったこともあり、伝統への直接的な挑戦ではなかったかもしれない。当然、一九四四年の立候補も戦時中のことであった。そのため、修正二二条は、フランクリン・ルーズベルトが破った伝統を復活させるため、またはその伝統を明らかにするためのものとみなすことができる。ルーズベルトの立候補はポロック判決と比べて憲法史における発展に合致していない異常な出来事であると思えるかもしれない。憲法修正がなくても伝統が復活したかもしれないので、憲法修正は単にこれまでの伝統を保持したといえるかもしれないし、あるいは不必要なことをしたとさえいえるかもしれない。いずれにせよ、ほとんどの憲法変化は不文の規範である生ける憲法によって実践されてきたのである。そして憲法修正はその補足的役割を果たしたにすぎない。

我々アメリカ人にとって合衆国憲法は圧倒的な存在感がある。多くの人々が憲法を崇拝している。しかし、憲法典は公文書館のガラスケースに納められた文書にすぎない。憲法典はそうでなければならず、またそうあるべきである。我が国ほど長く存続している国家はなく、教訓、変化、適応なくしてここまで存続することはできなかった。

生ける憲法は〝何でもあり〟――権力者に好きなようにふるまわせる理論――を意味するという理由で、生ける憲法を拒絶する人々がいる。しかし、生ける憲法をそのようにみるべきではない。それどころか、生ける憲法は重要な美徳の集積に基づいている。それは知的な謙抑であり、社会が直面した複雑な問題、過去から積み重ねられた諸々の知見、美徳の必要性やそれとの整合性の再考などが含まれている。

それが我々の生ける憲法である。生ける憲法は憲法典や憲法制定者を崇拝することを実用的な意味に変える。ただし、憲法は卓越した一部の政治家たちが創り上げたわけではないことに注意しなければならない。憲法は、人々——法律家、法律家以外の人、公務員そして私人——が社会問題に取り組み、学んだことを我々に伝えるために最善を尽くした何世代にもわたる作品なのである。

訳者解題

生ける憲法。やけに仰々しく、それでいて有機と無機の境界を融解させたような、妙な言葉である。「生ける」が付く言葉は往々にして誇張気味である。「生ける屍」しかり、「生ける伝説」もまたしかり。Living Constitution を「生ける憲法」ではなく、「生きた憲法」と訳出する憲法学者もいる。こちらも「生きた化石」、「生きた歴史」と言い表されるように誇張のきらいがある。ともすると、「生ける」と「生きた」は異なる状態を表しているかのように見える言葉であるが、しかし、両者は「生きている」ことを表そうとしている。しかもそれは現在生きていることを強調するのではなく、過去と現在を線でつなぎ、将来へと連綿と続くものとして有機的に捉えようとするものである。ゆえに、いずれを用いても同じ意味を表すのであるが、「生きた」という表現は一見すると過去のニュアンスを含んだものと受け止められる可能性があるので、本書では「生ける」を用いることにした。

とはいえ、法学用語が漢字を連結させて一般用語と距離を置いた独自の世界を築く傾向にあることを踏まえると、生ける憲法という言葉は法学用語に馴染まない感がある。それは訳語の問題という側面もあるが、それ以上に、アメリカの法学論文がしばしばユニークな言葉を用いる点に原因がある。

たとえば、コーネル大学のドルフ（Michael C. Dorf）教授がハーバードローレビューに書いた本書の書評のタイトルは The Undead Constitution であった。※ Undead はゾンビなど生命を失ったまま存在し続ける怪物の総称である。すると、生ける憲法は面白半分で付けられた言葉なのかというと、そうでもない。生ける憲法は、憲法を発展的に捉えるものであり、それは憲法典ではなく憲法アクターによって実践されると考える。それは「憲法＝憲法典」という一般的イメージを根底から覆すものであり、「憲法とは何か」という問いを突き付けるものである。かかる難題を解くためのキーワードを厳密な言葉で言い表すことは容易ではない。そのため、包括的な内容をはらむことができ、かつその内容をイメージしやすい言葉として、Living Constitution という言葉が選ばれたといえる。もちろん、そこには打倒すべき原意主義のことも念頭に置かれている。原意主義はデッドハンドの問題を抱えるが、生ける憲法はその問題に悩まされない。生ける憲法という言葉には、死者に拘束されない、前向きな議論という意味合いが込められているといってよい。

このように生ける憲法は原意主義への対抗意識に溢れている。実際、本書はその多くを原意主義批判に割いている。その徹底した批判ぶりは恰も生ける憲法が原意主義批判に拠って立つ議論ではないかと思わせるほどである。本書は原意主義の弊害を詳らかにすることによって生ける憲法のアドバンテージを際立たせ、その存在意義を確保することにつながっている。

1　生ける憲法と原意主義

ストラウスによれば、生ける憲法とは、「正式な憲法修正を経ずに自ら進化していくものであり、それは時を超えて変化したり、新しい状況に適応したりするものである」(本書一頁)。これを見ると、憲法を進化するものと捉えていることはわかるが、そのこと自体にさして新規性があるようには思えない。ところが、それと対照的な原意主義と比べることで、その特徴が浮かび上がってくる。ストラウスによれば、原意主義は、「憲法条文を制定した人たちの意図にそってその意味を決める」ものであるという(本書一一頁)。両者を比較すると、生ける憲法は憲法典だけに依拠せずに憲法を発展させることにその特徴を見出すことができる。憲法典という過去の意思に拘束される必要がないと考えるので、憲法条文を解釈する際に当時の文言の意味や制定者の理解などを考慮しない。極論すれば、憲法問題の解決に憲法条文は必ずしも必要ない。精確に言えば、憲法条文がなくても憲法問題を解決することができる、ということである。憲法条文が意義を有しないわけではなく、何かしらの憲法問題が起きた場合に参照可能な条文があり、その意味が明確であれば、条文をそのまま適用して解決される。条文の意味が明確でない場合、解釈が必要になるが、その解釈をめぐって人々の意見が一致しないことがある。このとき、原意主義は条文の意味や原意にこだわり続けるが、生ける憲法は、原意という曖昧なものに頼らず、現在の言葉の意味を基に最善の解釈を行う。また、憲法問題を解決するのに必要な憲法条文が存在しない場合でも、生ける憲法は判例を中心とした憲法実践によってそれに対応していく。

ストラウスはまず原意主義をとることによって現代においてきわめて重要な憲法的価値を構成する法理を否定することになってしまうとする。その典型例が公立学校における人種統合政策である。いうまでもなく、人種統合を提示したのはブラウン判決である。しかし、平等保護を規定する修正一四条の制定時にはそのような発想はなかった。また、修正一四条自体も人種統合について何も言及していない。そのため、原意主義からすれば人種統合政策を採用することはできないという問題が生じる。また、性差別の禁止も同様である。修正一四条制定時には男女平等が想定されていなかった。しかし、判例の積み重ねによって、現在では男女平等が前提となっている。これについても、原意主義を採用すると、男女平等を否定することになってしまう。このように、原意主義は現代の重要な憲法価値を否定することになり、不適切なアプローチということになる。一方、生ける憲法はこうした問題に対応でき、さらにそれを正当化することもできる。すなわち、憲法は条文や制定者意図に縛られずに発展すると考えるので、人種統合政策や男女平等を否定する必要はない。それどころか、判例法理の展開によって憲法が実践されていくと考えるので、こうした憲法価値はその表れとして位置付けられる。つまり、生ける憲法は、これらの憲法価値を否定するどころか、その正当化根拠を示すことにもなるというのである。

これについてはもう少し説明が必要である。すなわち、なぜ憲法条文や制定者意図ではなく、判例法理が憲法の構成要素になるのかについての説明である。ストラウスによれば、憲法の生成と発展は裁判所の判例の積み重ねに拠るところが大きいという。すなわち、コモンローが憲法を形成してきたというのである。コモンロー的アプローチは新しい問題に直面したとき、たとえ先例が存在しなくても、裁判所が公正や賢慮に基づいて柔軟に対応することができる。しかし、原意主義に基づくと、憲法条文から離れることはできない。そもそも条文の意味だけでは現実の憲法問題に対応できないことが多く、ましてや新しい憲法問題に直面したときは尚更対応できない。

これに対して、裁判官の裁量統制を主眼とする原意主義は、コモンロー的アプローチでは裁判官の裁量を統制することができないと批判するが、ストラウスはむしろその裁量を統制するものであると反論する。コモンローは、一般的に受容されなければならないこと、そして公正などの原理に適っていなければならないことを裁判官に要請する。したがって、裁判官が恣意的な判断を行うことができるわけではなく、コモンロー的アプローチは裁量統制の役割を兼ね備えているというのである。

このように生ける憲法では司法が重要な役割を占めるのであるが、そのことは原意主義がデッドハンドという宿痾を抱えているのと同様に、生ける憲法もある痼疾を抱える。司法の非民主的性格という課題である。ところが、ストラウスは意外にもあっさりとこの問題を乗り越えている。ストラウスによれば、生ける憲法のメソッドであるコモンロー的憲法はそもそも民主的・非民主的のどちらでもないという。それは経験の積み重ねを重視するアプローチであり、執行府も立法府も同じように先例に基づく判断をしている。つまり、司法の反多数性の難点の問題は司法という非民主的機関が民主的正当性のある政治部門の判断を覆すことを問題視するわけであるが、ここでフォーカスされるのは司法という機関ではなく、コモンロー的アプローチという手法であり、民主的かどうかは関係なく、各憲法アクターに共通にみられるものであるというのである。また、原意主義は憲法典に依拠することによって司法審査の正当化をはかるわけであるが、ストラウスによれば、むしろそれによって原意主義はデッドハンドの問題を抱えることになり、それは現在の民主的意思を反映していることにはならないとする。一方、生ける憲法は憲法典に強く拘束されないがゆえに現在意思を反映した判断を行うことができるので、むしろ民主的であるとみなしている。

そしてストラウスは司法が中心となって憲法を発展させてきたことを実証すべく、表現の自由と平等を取り上げて、司法が重要な原理を打ち出し、それが表現の自由や平等の核心となっていることを例証している。すなわち、それらの原理は憲法条文から導出されたものではなく、司法がコモンロー的アプローチによって生み出したものであることを示し、条文よりも判例が重要であることを確認している。

2　生ける憲法における憲法典の位置づけ

ストラウスはその後も事あるごとに原意主義批判を繰り広げていくが、憲法典についてはそれが果たす一定の役割を提示している。生ける憲法は過去の世代が創設した憲法典に強く拘束されないことを説くが、現在もなお憲法典は有効であり、多くの人はそれを尊重している。すると、生ける憲法は憲法典の存在をどのように考えるのかに答えなければならない。ストラウスが出した答えは、憲法典に「共通の基盤」という役割をあてがうことである。憲法典に対する尊重は過去の世代の意思を尊重するというのではない。憲法典は人々の間で合意形成に至る共通の基盤としての役割を有するがゆえに、現在世代も憲法典を尊重するのである。たとえば、憲法典は統治機構に関する定めを置くことで、どのようにして政府が機能し、いかにして人々が合意形成に至るかのプロセスが示されている。また、権利利益の問題についてはその射程や限界について人々が合意に至ることは容易ではないが、一定の権利規定を設けることで不一致の幅を狭めている。憲法典はあらゆる憲法問題を解決するためのものではなく、その答えを求めて共存する道筋をつける役割を果たしているのである。

そしてストラウスは、憲法典を共通の基盤として位置付けた場合、自ずから憲法条文の最善の解釈方法が判明するという。憲法条文は、人々が合致する点を提示し問題解決に至るような解釈をしなければならないので、原意といったような曖昧な要素を持ち出して解釈することは不適切である。それよりも、大統領の任期が四年であるといったような明確なルールが示されている場合はそれをその通りに解釈し、あるいは現在の人々の意見が一致するようにその文言の現在における意味に基づいて解釈することになるとする。

このように、生ける憲法に立脚した場合でも憲法典は一定の役割を果たし、かつ生ける憲法と整合的に存在するわけであるが、しかし、生ける憲法は正式な修正手続を経ない憲法変化を認めるので、その意味では憲法典と衝突するのではないかという疑問が残る。この点についてストラウスは、生ける憲法と憲法修正手続が共存関係にあるものの、生ける憲法が中心となって憲法変化に対応するので、憲法修正はそれほど重要ではないという位置づけになるとする。というのも、社会変化に合わせて憲法変化が求められる時、正式な憲法修正手続はハードルが高く、変化に対応することができない。そもそも憲法条文を変えただけでは十分に変化に対応できるわけではなく、むしろ生ける憲法を実践することによって対応できることが多い。たとえば、連邦議会の権限や連邦政府の権限は拡大の一途をたどっているが、それは正式な憲法修正を経ていない。また、児童労働規制のように憲法修正として成立しなくても、連邦最高裁の判例変更によって規制が認められるようになるケースもある。さらには、修正一三条はすでにほとんどの州で終焉を迎えていた奴隷制廃止を完全に終わらせたにすぎず、修正一四条や修正一五条の内容が実際に機能し始めるのは制定から約一世紀経ってからのことであった。すでに憲法変化が生じた後に憲法修正がなされたケースもあり、そこでも憲法修正は追加的意味合いしか持たない。もっとも、生ける憲法によって形成された内容がその後に覆されてしまう場合もあり、その際には生ける憲法が形成した内容を維持するために正式な憲法修正が行われることもある。大統領任期の三選禁止はその卑近な例である。

したがって、憲法典は不要というわけではないが、生ける憲法が中心となって憲法秩序が形成されていくのであり、そこで憲法条文が果たす役割は一般に考えられているほど大きなものではないというのが、ストラウスの見解ということになる。

3　生ける憲法の課題

以上のストラウスの議論をまとめると、生ける憲法とは、司法が中心となって時代や社会の変化に憲法を対応させるアプローチ、である。その正当化には、ある意味、実証主義的手法が用いられており、これまでの経験に基づくことを根拠としている。だが、そうなると、当然ながら理論的根拠に乏しいのではないかという批判を受けることになる。そもそもなぜ司法審査が正当化されるのか。それが正当化されるとしても、憲法に基づくがゆえに司法審査が可能なわけであり、司法がその憲法を軽視してよいのか。憲法を時代に適応させるとしても、それは現在意思を反映する政治部門であって、司法の役割は二次的なものにとどまるのではないか。といったような批判が次々と思い浮かぶわけである。

本書の内容から応答を推測すると、おそらく、司法審査はコモンローの伝統によって正当化される、生ける憲法は憲法典を軽視しているわけではなくそれを絶対視することに問題があると言っているにすぎない、生ける憲法の実践には政治部門の行為も重要であるけれども歴史的には司法動向が法律のゆくえを左右することが多く司法が中心的役割を果たしてきた、などといったような回答がなされるように思われる。ところが、それは理論的問題があるという批判に対して理論的応答を行わずに実証的に回答しているため、正面から問題に答えているとはいえない。

また、生ける憲法には裁判官の裁量を広く認めすぎているのではないかという問題がある。これに対してストラウスは、コモンローは一般的に受容されるものでなければならず、また公正などの原理にも拘束されるので、裁判官の裁量は十分に統制されているとする。しかし、一般的受容や公正はきわめて抽象的なものであり、裁判官の判断がそれらによってどのように拘束されるのかは定かではない。それどころか、そのような抽象的事項を使って判断を正当化できるのであれば、むしろ裁判官の裁量を広げてしまうのではないだろうか。

加えて、生ける憲法が司法中心型の憲法秩序を構想する以上、それには司法の民主的正当性の問題がつきまとうが、先述した通り、ストラウスはこの問題を棚に置き、手法の問題とデッドハンドの問題に置換することで、民主的正当性の問題をクリアできるとしている。だが、それは問題のすり替えにすぎず、反多数性の難点の問題に正面から答えているとはいえない。

4 展開

もっとも、生ける憲法が実証的アプローチと相性が良いのであれば、理論的課題を丁寧に乗り越えていけば、理論と実務を架橋する有力なアプローチに変貌する可能性を秘めている。

ストラウスが本書（原書）を上梓したのと同時期に有力に提唱されていたのが、生ける憲法と原意主義を融合させた「生ける原意主義」であった。論者によって違いはあるものの、その基本的構造は、憲法条文の文言の意味を明らかにすることで対応する「解釈」と政治部門を中心とした憲法実践によって対応する「構築」とに分けて考えるものである。それは、条文をベースにしながら発展的な憲法実践の正当化を試みるものであり、原意主義的側面と生ける憲法の側面を共存させているといえる。

それは、一見すると、生ける憲法と原意主義の双方の欠点を解消し、理想的な形に昇華させたように思える。だが、接合によってそれぞれの特性が失われるおそれもある。一方では、憲法条文にとらわれないことを一つの特性としてきた生ける憲法がその特性を喪失してしまい、他方では、憲法条文に固執してきた原意主義がその特性を失ってしまうおそれがある。その反面、それぞれのアプローチを緩く解した場合には、生ける原意主義は生ける憲法と言い換えることもできれば、それはまた原意主義であるということもでき、原意主義と生ける憲法の境界線はすこぶる曖昧になる。しかしながら、ストラウスがあれほど原意主義批判に拘泥したことからもわかるように、本来、生ける憲法と原意主義は相反するアプローチである。ゆえに、生ける原意主義自体が成り立つのかどうかも検討の余地があり、少なくともそれを提唱することによってただちにこれまでの論争に終止符を打てるわけではなく、さらなる議論の展開が待たれよう。

生ける原意主義をめぐる議論が進む傍ら、中絶の権利を否定したドブス判決※※や銃の携帯規制制限を違憲としたブルエン判決※※※にみられるように、判例実務もさらなる展開を見せるようになっている。それは、憲法条文それ自体よりも、歴史や伝統に着目しながら憲法問題を解決するものである。裁判官の間では歴史や伝統の対象となる時間をどこに置くか、あるいは定点を置くかどうかという点において見解が分かれた。これをあえて生ける憲法と原意主義との関係でみると、定点を置かずに近時の展開を重視するアプローチは生ける憲法に近く、憲法制定時やそれ以前にまで時間を遡って定点を設定するアプローチは原意主義に近いといえよう。ただし、条文を基に対立してきた両者がこうしたアプローチと連動するのかどうかについては検討が必要である。

ところで、アメリカ以外にも目を向けると、他の国でも生ける憲法の新たな展開を垣間見ることができる。カナダには生ける憲法に近いアプローチとして「生ける樹」（living tree）という概念がある。それはカナダの特殊事情を強く反映したものであるが、まず統治構造を中心とした「カナダ憲法」という大きな樹が植えられ、それに人権規定などを含む一九八二年憲法（法）が接ぎ木され、成長していくというアプローチである。端的にいえば、憲法が樹木のように過去に根を張りながら将来に向けて枝を伸ばしていくという比喩であり、カナダの連邦最高裁が採用してきた進歩的解釈を正当化する議論となっている。もっとも、近年ではそれに反発して原意主義に近いアプローチを提唱する裁判官も登場しており、アメリカと同様の対立が見られるようになっている。また、オーストラリアでも「生ける力」（living force）という概念がある。それは司法が社会変化に応じた憲法解釈を実践するというものであり、生ける憲法と近似した発想である。もっとも、この概念は別の文脈で語られることもある。それによれば、憲法典は過去の憲法制定者が将来世代を拘束するものではなく、むしろ将来世代が憲法典を維持・変更する主権者であることを表明したものであるという。必ずしも詳細が詰められている議論ではないものの、それが言わんとするところは、憲法典を将来世代への信託とみなすアプローチのように思える。

これらの概念は、アメリカ型の生ける憲法とまったく同じわけでないけれども、いずれも将来に向けた発展を企図している点において共通している。そのため、広い意味で、生ける憲法のグループに含めることができよう。

5　日　本

実は、日本でも生ける憲法が実践されている可能性がある。日本の憲法の基本書はしばしば生ける憲法やそれに近い概念に言及することがあり、詳細については説明しないものの、それを肯定的に捉えるものが多い。さらに、最高裁の判例の中に原意主義を採用したと思われるような判決がほとんどなく、むしろ社会変化に対応する判決が散見されるところを見ると、判例実務も生ける憲法に近いといえるかもしれない。ただし、最高裁は社会変化と憲法解釈の連動について十分な説明をしない傾向にあり、それがアメリカ型の生ける憲法といえるかどうかについては議論の余地があるが、カナダやオーストラリアと同じく、広義の生ける憲法に含めることもできよう。

もっとも、生ける憲法の発想は、かつて不磨の大典たる地位を自らに与えた大日本帝国憲法とは対照的であるように思える。他面、形式的には大日本帝国憲法を改正する手法を用いて、その内容を全面的に書き換えた日本国憲法が誕生した経緯を踏まえると、生ける憲法はその説明に適しているともいえる。実際上の変化を重視し、憲法条文の改正はそれほど大きな意味を持たない生ける憲法の発想からすれば、ポツダム宣言の受諾やGHQの統治下に置かれたことによってすでに抜本的憲法変動が生じ、憲法改正はそれを追認したにすぎないものとして理解することになるからである。そして、生ける憲法はその後の状況についても説明可能なアプローチである。周知のとおり、日本国憲法は制定後七五年以上にわたって一度も改正されていないが、判例は時代や社会の変化に対応——すべてにおいて適切に対応しているかどうかはともかく——してきた。プライバシーの権利などはその典型である。かかる状況もまた生ける憲法によって説明できるといえよう。加えて、日本国憲法には国民の信託に基づく国政に言及する前文や基本的人権が過去・現在・将来の国民に信託されたものとみなす九七条の規定があり、「信託」が主権や通時性を伴う言葉として登場する。それはオーストラリア的な「生ける力」の発想に部分的に通じるところがあるようにも思える。

こうしてみると、生ける憲法の発想は抜本的変化や静態的対応のいずれをも説明できてしまう危険な概念道具のように映るかもしれない。実際そうした側面があることは否定できないだろう。そもそも条文を重視しないというアプローチ自体、実定法学からすれば——実定法が判例法を含んでいるとしても——なかなかに刺激的である。だが、憲法は実定法でありながら部分的に非実定法的性格を兼ね備えていることからすれば、かかる議論を受容する余地があるのもまた憲法学の魅力の一つであるようにも思える。

日本を含む外国においても生ける憲法に近い憲法実践が行われているとすれば、本書が提示したアメリカ版生ける憲法は、生ける憲法の一つのモデルを示すと同時に、それを比較分析する道を開く役割も果たすことができる。そうした分析は、オリジナルの生ける憲法が長年にわたって囚われてきた原意主義との闘いから解放する可能性も有しているようにも思える。したがって、本書の内容を広く紹介することは、外国に対して示唆をもたらすだけでなく、翻ってアメリカの生ける憲法自体を洗練させる契機にもなるように思われる。

あとがき

原著者であるストラウスはシカゴ大学ロースクール教授である。ストラウス教授は、最初からアカデミックな世界を選んだわけではなく、当初は法実務に携わっていた。ハーバードカレッジを最優秀成績群で卒業後、オックスフォード大学で哲学を学び、ハーバード大学ロースクールのＪＤコースに通い、ローレビューの編集などを務めながら一九七八年に優秀成績群で修了した。その後は、第五巡回区連邦控訴裁判所のゴールドバーグ裁判官のロークラークを務め、司法省の法律顧問や訟務長官局に勤務した。彼がアカデミックな世界に入ったのは一九八五年のことである。この年にシカゴ大学ロースクールの専任講師となり、それ以来、同大学で教鞭をとり続けている。

ストラウス教授の研究対象は多岐にわたり、はじめのうちは平等や表現の自由などに関する論文を書いていた。一九九二年に教授になると、徐々により大きな憲法問題を扱うようになり、憲法解釈をめぐる問題について論文を書くようになった。その集大成が生ける憲法であるといえる。ストラウス教授は訴訟部門で働いていたこともあり、二〇二三年までに連邦最高裁で一九回口頭弁論を行ったことがある。そうした法実務的経験が生ける憲法の発想に部分的に反映されているように思える。

ところで、ストラウス教授とは何年か前に一度だけ話したことがある。American Constitution Societyの全国大会でストラウス教授がパネル報告を終えた際、私は生ける憲法と生ける原意主義の違いについて彼に質問した。そのパネルのトピックは生ける憲法と関係なかったにもかかわらず、ストラウス教授は快く応じてくれた。そのとき、ストラウス教授は「完全に同じではない」と言っていたような気がするが、あまり記憶が定かではない。そもそも私が回答を十分に理解できていなかった可能性もあるが、ともあれ生ける憲法の固有性は本書を読んで確認できるはずである。

＊＊＊＊＊

本書の翻訳は、少なくとも私にとって、二つの点で意義がある。一つ目は個人的体験に基づく。話は大学院時代に遡る。修士一年の夏、ウィスコンシン大学ロースクールのサマープログラムに参加する機会があった。憲法の授業を担当していたチャーチ教授とは父を通じて知己があったこともあり、私は授業後によく質問をしていた。普段、わりと基本的事柄を中心に丁寧に説明してくれるのだが、原意主義の妥当性を質問したときは様子が違った。「あんなものは通用しない」と断言されたのである。当時、アメリカでは原意主義の論文が多かったので、その回答はなかなかに衝撃的であった。私が知りえていたのはあくまでペーパーベースのことであり、現実の憲法学界では支持されていないと言われたような印象を受けたのである。また、原意主義批判の論稿が多く存在するのも確かであり、私はそれらを含めて原意主義の議論が影響力を持っていると誤解してしまったのではないかとも思った。しかし、原意主義を否定するのであれば、それに代わる議論、すなわち生ける憲法の議論が提示されていなければならないはずであるが、当時、それを正面から扱った書籍はほとんど存在しなかった。些か消化不良感を拭い切れないまま時が過ぎ、それから一〇年くらい経過して刊行されたのがこの本だった。そのため、本書の翻訳は個人的に感慨深いものがあると同時に、正面から生ける憲法を扱った本の翻訳という点において、憲法学にとっても意義があると考えている。

二つ目は理論的意義である。劈頭で指摘したように、本書にはたびたび原意主義批判が登場する。徹底した批判の中で容赦なく原意主義を切り捨てていく流れは小気味良いほどである。そこでは原意主義の議論自体も一通り紹介されるので、本書を読めば生ける憲法だけでなく原意主義についてもある程度知ることができる。

さて、この論争に共通する主題は司法審査のあり方、ひいては憲法とは何かであった。ゆえに、アメリカ憲法を一つの研究対象とする私にとって、この論争を避けることはできない。これまでに書いた拙稿ではもともとの議論およびその後の論争の展開を考察したり、この論争が意味するところを分析したりしてきたが、予想以上に様々な議論が展開するにつれて、オリジナルな生ける憲法と原意主義との乖離が生じているのではないか、と思い始めていた。ゆえに、本書の翻訳を通じて、あらためて「生ける憲法とは何か」を確認することができたのは私にとって貴重な機会であった。これにより、生ける憲法が抱く憲法観や生ける原意主義との異同などが朧気ながら見えてきたように思える。かかる思考作業は論争の方向性を予示するというよりも、思想の基盤を掘り起こすことによって議論の道筋を再検証するのに寄与するのではないかと考えている。

＊＊＊＊＊

本書を翻訳するにあたり、勁草書房の山田政弘氏には大変お世話になった。翻訳に必要な手続から校正作業に至るまで、山田氏の丁寧かつ敏活な運びはすでに多くの翻訳書を手掛けている経験に基づく熟達したスキルが反映されているように感じた。あらためて厚く御礼申し上げたい。

二〇二四年一月一〇日

『コモンセンス』刊行から二四八周年の日に

■著者

デイヴィッド・ストラウス
シカゴ大学ロースクール教授

■訳者

大林　啓吾（おおばやし・けいご）
慶應義塾大学法学部教授
著書に、『アメリカ憲法と執行特権――権力分立原理の動態』（成文堂、2008 年）、『憲法とリスク――行政国家における憲法秩序』（弘文堂、2015 年）、共訳に、『ルース・ベイダー・ギンズバーグ――アメリカを変えた女性』（晶文社、2022 年）などがある。

事項索引

■タ行

■ナ行

■ハ行

人名索引

訳　注

序　章

［1］　アメリカでは憲法を改正する際に条文を追加していくという形をとるので、「憲法改正」ではなく、「憲法修正」と呼ばれている。憲法5条が修正手続について規定しており、憲法修正の提案と承認に分かれている。提案には、連邦議会の両院の3分の2による発議、あるいは3分の2の州の議会の要請（憲法会議を招集することになる）が必要である。それを受けて4分の3の州議会による承認、あるいは4分の3の州における憲法会議による承認が必要になるので、なかなかにハードルが高い。最初に制定された憲法は全7条、その後追加されたものが全27条ある。なお、日本語で具体的な修正条項を表すときは「修正～条」または「第～修正」と記載することが多いが、本書では前者の呼称を用いる。

［2］　南北戦争後に修正13条～15条が成立し、奴隷制廃止、平等保護、投票権平等が規定された。

［3］　コモンロー（common law）は定義や邦訳が難しい用語であるため、本書ではそのまま「コモンロー」と呼ぶ。その内容は文脈によって異なるが、裁判所が形成してきた判例法を指したり、制定法と区別される慣習や先例を指したりすることが多い。

［4］　ここでは、建国期におけるアメリカ憲法の修正条項と再建期におけるアメリカ憲法の修正条項のことを指している。なお、アメリカ憲法が発効したのは1788年、権利章典と呼ばれる人権規定を設けた修正条項が発効したのが1791年、再建期の修正条項の目玉ともいえる修正14条が発効したのが1868年である。

［5］　「我々はみんな原意主義者」というフレーズが学説上で話題になったことがあり、ここではそれをもじっている。

［6］　Brown v. Board of Education of Topeka, 347 U.S. 483（1954）. ブラウン判決は、公立学校の人種別学制度を違憲としたもので、平等の実現を押し進めた重要な判決と位置付けられている。

第1章

［1］　なお、大統領の年齢要件（35歳以上）は2条1節5項、上院議員の各州からの2名選出は1条3節1項、連邦議会議員および大統領の就任日は修正20条1節、上院議員の任期（6年）は1条3節1項、下院議員の任期（2年）は1条2節1項、大統領の任期（4年）は2条1節1項に規定されている。

［2］　ブラックは1937年から1971年にかけて連邦最高裁裁判官を務め、条文の文言を忠実に解釈する手法を実践したので、厳格解釈主義者と呼ばれた。そのため、スカリア裁判官以上に、原意主義的であるという見方もある。

［3］　人文科学における研究、教育、保護、公的プログラムなどのために設立された連邦の独立行政機関であり、文化的機関や個人に対して補助金を出している。

［4］　アメリカ憲法修正20条1節は、大統領と副大統領の任期が1月20日で終了すると規定している。

［5］　これは、ヘラー判決（注［9］）のことを指している。スカリア裁判官が原意主義的な観点から法廷意見を執筆し、修正2条は一般市民に銃を持つ権利を認めたものであるとした。

［6］　ここでいう権利章典はアメリカ憲法修正1条～10条のことをいう。アメリカ憲法は最初に統治に関する規定が設けられ、その後、権利に関する規定が修正という形で追加された。最初に追加された修正条項が1条～10条であり、表現の自由や信教の自由、刑事手続などの個別の権利を保障する規定であった。

［7］　修正14条は投票価値の平等を求めると規定していないので、この条文から1人1票の原則が導き出されるかが問題となり、原意はどうなっていたのかが問題となる。

［8］　これは平等権修正（Equal Rights Amendment: ERA）と呼ばれる憲法修正案である。35州が批准しているが、憲法修正に必要な州の数は4分の3の38州であり、成立には至っていない。

［9］　District of Columbia v. Heller, 554 U.S. 570 (2008).

［10］　アメリカ憲法1条8節3項は、州と州の間の通商（州際通商）を

規制する権限を連邦議会に与えている。この条項は「州際通商条項」(Commerce Clause) と呼ばれる。

[11] ノア・ウェブスターは有名なウェブスター辞典を編纂した人物であり、建国の父の一人でもある。ここでは、ジェファーソンとともに活躍したノア・ウェブスターと現代版ウェブスター辞典をかけあわせて、このような表現を用いていると思われる。

第2章

[1] コモンセンスは、世間の常識を意味することもあれば、正しい判断や理性的判断を示す良識を意味することもあり、ここでは後者の意味に近い。

[2] 小文字の憲法の原語は small-c constitution であり、大文字の憲法である Constitution との対比で登場することが多い。大文字の憲法は憲法典を指し、小文字の憲法は各機関が憲法典を解釈・実施・運用したもの、つまり実際に機能している憲法を指す。

[3] 要するに、計算問題を解く方法のようなものではないということである。

[4] 手形の署名者が手形の必要事項の全部または一部を空白にしたまま署名し、後日、手形の取得者にその空白部分を補充させる意図で交付した手形のことをいう。

[5] なお、大学入試におけるアファーマティブアクションは2023年の SFFA 対ハーバード大学判決によって違憲とされている。*See* Students for Fair Admissions v. Harvard, 143 S.Ct. 2141 (2023).

第3章

[1] New York Times Co. v. Sullivan, 376 U.S. 254 (1964).

[2] Brandenburg v. Ohio, 395 U.S. 444 (1969).

[3] New York Times Co. v. United States, 403 U.S. 713 (1971).

[4] Fighting word のことであり、暴言を吐いて相手を挑発し、暴力を誘発するような言葉を指す。日本語に対応する言葉が見当たらないが、一般には、「喧嘩言葉」と邦訳されている。

［5］ チェイフィー（Zechariah Chafee Jr.）（1885〜1957年）はハーバード大学ロースクール教授であり、特に表現の自由の擁護者として有名である。

［6］ Abrams v. United States, 250 U.S. 616 (1919).

［7］ Whitney v. California, 274 U.S. 357 (1927).

［8］ Schenck v. United States, 249 U.S. 47 (1919).

［9］ Stromberg v. California, 283 U.S. 359 (1931).

［10］ Schneider v. State, 308 U.S. 147 (1939).

［11］ Gitlow v. New York, 268 U.S. 652 (1925).

［12］ ここでは、edifice という言葉が用いられている。

［13］ Thornhill v. Alabama, 310 U.S. 88 (1940).

［14］ Cantwell v. Connecticut 310 U.S. 296 (1940).

［15］ Bridges v. California, 314 U.S. 252 (1941).

［16］ West Virginia State Board of Education v. Barnette, 319 U.S. 624 (1943).

［17］ Chaplinsky v. New Hampshire, 315 U.S. 568 (1942).

［18］ Dennis v. United States, 341 U.S. 494 (1951).

［19］ 「法の究極目的は社会の福祉である」というものである。ここでは、表現と害悪の具体的な時間的近接性を要求するホームズ＝ブランダイス流の基準ではなく、害悪のコストと表現規制による害悪回避の利益を比較衡量する手法を採用することは法の究極目的である社会福祉に適わないことを示そうとしている。

［20］ Yates v. United States, 354 U.S. 298 (1957).

［21］ Near v. Minnesota, 283 U.S. 697 (1931).

第4章

［1］ MacPherson v. Buick Motor Co., 111 N.E. 1050 (1916). これはニューヨーク州最高裁の判決である。

［2］ 契約関係（privity of contract）の法理は、契約当事者間の関係を指し、相互に訴訟を提起することを認めるが、第三者が契約当事者に対して訴訟を提起することを認めないものである。

［3］ Winterbottom v. Wright, 152 Eng. Rep. 402 (1842).

［4］ Thomas v. Winchester, 6 N.Y. 397 (1852). これはニューヨーク州最高裁の判決である。

［5］ 弾み車はフライホイールのことであり、動力を伝える回転軸に取り付ける重い車のことを指す。

［6］ 曝気とは液体に空気を供給することをいう。わかりやすくいえば、液体を空気にさらすエアレーションのような行為である。

［7］ 原題は、The Strange Career of Jim Crow であり、ジム・クローの歴史的展開を描述したものである。邦訳として、C・ヴァン・ウッドワード著（清水博・有賀貞・長田豊臣訳）『アメリカ人種差別の歴史』〔新装版〕（福村出版、1998年）がある。

［8］ McCabe v. Atchison, Topeka & Santa Fe Railway Company, 235 U.S. 151 (1914).

［9］ Buchanan v. Warley, 245 U.S. 60 (1917).

［10］ 人種間の平等を求めて1909年に設立された団体であり、後の市民権運動において主導的な役割を果たし、多くの差別関連の訴訟に関わっている。

［11］ Missouri ex rel. Gaines v. Canada, 305 U.S. 337 (1938).

［12］ アメリカでバウチャー制度といった場合、基本的には、教育分野における助成制度のことを指す。私立学校の学費を公費で補助する制度などがその典型である。なお、この文脈では、他の州のロースクールに行かせるためのミズーリ州の補助制度のことを指している。

［13］ Shelley v. Kraemer, 334 U.S. 1 (1948).

［14］ Sipuel v. Board of Regents of the University of Oklahoma, 332 U.S. 631 (1948).

［15］ Sweatt v. Painter, 339 U.S. 629 (1950).

［16］ McLaurin v. Oklahoma State Regents, 339 U.S. 637 (1950).

［17］ ブラウン判決はこの判示の前にスウェット判決やマクローリン判決を引用し、分離すれども平等の原理が真の平等をもたらさず、学校における人種統合が必要であることを述べており、この一節

は普通教育における人種統合が必要であることを示している。*See Brown*, 347 U.S. at 493-494.

［18］ 原語は bodily integrity であり、邦訳が難しい言葉であるが、この文脈では主に自分の身体の不可侵性と自分の身体についての自己決定を意味する。

［19］ なお、2023 年のドブス判決（Dobbs v. Jackson Women's Health Organization, 142 S. Ct. 2228（2023））により、ロー判決はとうとう覆されてしまい、中絶の権利も否定された。

第5章

［1］ 憲法2条1節5項は、大統領の資格要件として、出生による市民であるか、憲法採択時に市民でなければ、大統領職に就く資格がないと定めている。なお、35 歳未満、アメリカ居住が 14 年未満の者もその資格がないと定められている。

［2］ Gideon v. Wainwright, 372 U.S. 335 (1963).

［3］ 編入理論をめぐる問題は、権利章典は連邦政府の権限行使から権利を守る規定であったため、それが州政府の行為に対しても及ぶかというものである。州政府の行為に対する権利保障は修正 14 条が主な規定であるが、それはデュープロセスや平等保護などであり、それだけではカバーできない権利がある。そこで、州政府の権利侵害に対応するために、修正 14 条を通して権利章典が州に対しても及ぶとし、州政府による権利章典で保護された権利に対する侵害にも対抗できるようにしたのが編入理論であった。当初、判例は否定的な立場をとったが、後にそれを認める方向に転換した。

［4］ 簡潔にいえば、ブラック裁判官は編入理論に肯定的で、フランクファーター裁判官は編入理論に否定的であった。

［5］ このケースは連邦最高裁が権力分立違反の判断を下した Metropolitan Washington Airports Authority v. Citizens for Abatement of Aircraft Noise, Inc., 501 U.S. 252（1991）を指していると思われる。

第6章

［1］　もともとアメリカは13の植民地が集まって連合したという経緯があり、憲法会議では連邦政府の権限をどこまで認めるかが大きな議題となった。共和制を採用したアメリカでは、連邦政府の権限は連邦議会が主に行使することとなったが、連邦の権限が大きくなりすぎないようにするため、連邦議会の権限は細かく憲法に規定されることとなった。

［2］　憲法1条8節11項は連邦議会に戦争宣言を行う権限を与えている。

［3］　憲法2条2節2項は、大統領は上院の3分の2の承認を得て条約を締結すると定めており、その要件をパスしないまま締結される行政協定はその抜け穴になっている可能性がある。

［4］　修正7条は、一定の訴額以上の民事事件における陪審を受ける権利を保障した規定である。

［5］　Crowell v. Benson, 285 U.S. 22 (1932).

［6］　McCulloch v. Maryland, 17 U.S. 316 (1819).

［7］　なお、ジャクソンの拒否権は1832年に発動されているので、ここで挙げられているマディソンの批判との前後関係は必ずしも定かではない。

［8］　ここでは、州際通商条項は州と州の間の問題を対象とするものであって、純粋に地域内の問題に対して連邦法で規制することはできないとし、児童労働規制法（連邦法）を違憲としたハンマー対ダーゲンハート判決を指していると思われる。*See* Hammer v. Dagenhart, 247 U.S. 251 (1918).

［9］　United States v. Darby Lumber Co., 312 U.S. 100 (1941).

［10］　南北戦争後に南部諸州で制定されたブラック・コード（black code）と呼ばれるものである。黒人の移動、行動、職業などの自由を制限したり、陪審員になるなどの法的能力を制限したり、土地所有を制限したりし、奴隷制時代と変わらない状況を創出する内容となっていた。

［11］　Bolling v. Sharpe, 347 U.S. 497 (1954).

［12］　これは憲法4条4節の規定であり、合衆国が共和政体の保障と州を州内の暴動から保護する責務を負う内容となっている。

［13］　Pollock v. Farmers' Loan & Trust Company, 157 U.S. 429 (1895).

［14］　憲法1条2節3項は、下院議員の数と直接税の徴収額は州の人口に応じて配分すると定めている。

［15］　Springer v. United States, 102 U.S. 586 (1881).

［16］　タフトは、1909年から1913年まで大統領を務めた後、1921年から1930年まで連邦最高裁長官を務めた。

［17］　エクサイズ・タックス（excise tax）は、消費税や物品税を指すこともあれば、財の移転や取引などを指すこともあり、適訳が見つからないので、カタカナ表記とした。

［18］　Knowlton v. Moore, 178 U.S. 41 (1900).

［19］　Flint v. Stone Tracy Co., 220 U.S. 107 (1911).

［20］　Brushaber v. Union Pacific Railroad Co., 240 U.S. 1 (1916).

［21］　つまり、セオドア・ルーズベルトが務めた大統領の任期は、マッキンリーの残りの任期と選挙で当選した任期である。なお、マッキンリーは大統領に就任して約6か月後に暗殺されたことから、ルーズベルトの任期は合計で約8年であり、大統領職を2期務めたのとほぼ同じ期間といえる。

［22］　セオドア・ルーズベルトが狙撃された理由は諸説あり、立候補が理由だったかどうかは定かではない。なお、彼は演説中（または演説に向かう途中）に狙撃されたが、弾は胸ポケットにしまってあった原稿ノートに当たり、そのまま演説を続けたといわれている。

訳者解題

※　Michael C. Dorf, *The Undead Constitution*, 125 Harv. L. Rev. 2011 (2012) (book review).

※※　Dobbs v. Jackson Women's Health Organization, 142 S. Ct. 2228 (2022).

訳　注

※※※　New York State Rifle & Pistol Association, Inc. v. Bruen, 142 S. Ct. 2111 (2022).

基礎法学翻訳叢書　第5巻
生ける憲法

2024年4月20日　第1版第1刷発行

著　者　デイヴィッド・ストラウス
訳　者　大《おお》林《ばやし》啓《けい》吾《ご》
発行者　井村寿人

発行所　株式会社　勁《けい》草《そう》書房
112-0005　東京都文京区水道2-1-1　振替　00150-2-175253
（編集）電話　03-3815-5277／FAX　03-3814-6968
（営業）電話　03-3814-6861／FAX　03-3814-6854
平文社・松岳社

ISBN978-4-326-45140-1　　Printed in Japan

＊落丁本・乱丁本はお取替いたします。
ご感想・お問い合わせは小社ホームページから
お願いいたします。
https://www.keisoshobo.co.jp